LA VIE
DE
MARIE DE HAUTEFORT,
DUCHESSE DE SCHOMBERG,
DAME D'ATOURS DE LA REINE,
ANNE-MARIE-MAURICETTE,
D'AUTRICHE.

PAR UNE DE SES AMIES.

Ouvrage imprimé pour la première fois par G. É. J. M. A. L. sur un Manuscrit tiré de la Bibliothèque de Monsieur BEAUCOUSIN

Avec une Préface et des Notes par I. F. A. O.

AN VIII. (1799.)

PRÉFACE.

CE que l'on a dit de l'Histoire en général, qu'elle est la Maîtresse de la vie, est encore plus vrai, si on l'applique aux Mémoires particuliers, et à la vie des hommes ou des femmes célèbres. Il est utile sans doute, de suivre dans l'histoire générale, les commencemens, les progrès, l'état brillant, la décadence, des Républiques et des Empires; de démêler les causes, les intrigues et les ressorts, qui ont produit les changemens les plus importans de la grande scène du monde; de considérer les différens rôles que les principaux acteurs y ont joués, et les succès qu'ils ont eus. Une étude approfondie de tous ces objets, peut servir, surtout à ceux que leur naissance, ce qu'on appelle la fortune, et différentes circonstances, placent au centre du tourbillon des affaires, et met à portée d'influer sur ses mouvemens. Ils peuvent, comme les hommes publics s'y instruire de ce qu'ils doivent faire et de ce qu'ils doivent éviter, dans des évènemens à peu près semblables, et dans des affaires où il n'y a de changé que les noms des Acteurs. Il n'en est pas de même, si nous cherchons des règles de conduite pour la vie privée. L'Histoire générale est ici insuffisante et cependant il n'y a personne qui n'ait besoin de quelques avis et de quelques exemples pour s'acquitter des devoirs qui lui sont imposés

PRÉFACE.

dans l'intérieur de sa maison, et dans le commerce ordinaire avec les autres hommes. Combien de grands Généraux, d'habiles Politiques, de Princes célèbres, qui ont été, si on vient à les considérer de près, de mauvais fils, de mauvais époux, de mauvais pères, de mauvais amis, et quelquefois même qui ont été tout-à-fait indignes du nom d'hommes. Les grandes Histoires ne les représentent cependant le plus souvent, que sous la face brillante, et le revers n'y paroît point, ou n'y paroît que sous des traits effacés.

Les vies particulières sont, pour ainsi dire, plus proportionnées à nos besoins journaliers. On y entre dans de plus grands détails ; on y voit davantage l'homme dépouillé de toute cette pompe, de toutes ces décorations, et de tous ces dehors, qui éblouissent, qui dénaturent les actions, et qui nous font regarder comme grandeur, comme héroïsme, comme magnanimité, ce qui étant mieux apprécié et placé dans son vrai jour, mériteroit souvent des noms bien opposés. Les vices et les crimes, dans les vies particulières, n'y sont considérés, comme ils doivent l'être, que comme des choses que l'on doit avoir en horreur et que l'on doit éviter ; et les vertus n'y reçoivent ce nom, que lorsqu'elles sont fondées sur l'amour de l'humanité, et sur les victoires que nous remportons sur nos passions. Les grands Acteurs subissent ici la loi générale, et on y peint principale-

PRÉFACE.

ment leurs actions privées, leurs humeurs et leur caractère. On y apprend à connoître davantage l'homme en particulier et l'homme en général. Comme nos passions sont souvent les causes premières des plus grands évênemens, il s'ensuit aussi que les Mémoires particuliers, découvrent quelquefois ce que les Histoires étendues n'apprennent point, et c'est une des principales raisons qui font si estimer l'Etoile, le Cardinal de Retz, et Saint-Simon, sans parler de Joinville, de Comines et de tant d'autres.

La Vie de Madame de Hautefort que nous publions aujourd'hui peut servir de supplément aux nombreux Mémoires qui ont parus vers le milieu du dernier siècle, et on y trouvera plusieurs anecdotes interessantes dont les Auteurs de ces Mémoires n'avoient point eu connoissance ou qu'ils n'avoient pas assez développées. Elles regardent sur-tout Louis XIII et sa Cour, et même Louis XIV.

Le portrait le plus fidèle que nous ayons de Louis XIII, celui qui nous donne l'idée la plus exacte du caractère de ce Prince, est celui que nous a tracé le Président Hesnault : » Louis XIII étoit d'un caractère un
» peu sauvage....Son goût pour la retraite, faisoit qu'il
» s'attachoit à ses Favoris, dont il dépendoit, tant qu'il
» ne les renvoyoit pas ; mais comme il tenoit moins à
» eux par le goût, que par le besoin d'avoir quelqu'un

PRÉFACE.

» qui partageât sa solitude, il étoit aisé de les lui enle-
» ver et de lui en substituer d'autres, car il lui en fal-
» loit ; et le titre de Favori étoit alors comme une
» Charge dans l'État. Il eut des Maîtresses comme des
» Favoris : il en étoit jaloux, et c'étoit là où ses
» sentimens se bornoient...... «

En effet jamais Amour ne fut plus chaste que celui que Louis XIII eut pour Mademoiselle de la Fayette et pour Madame de Hautefort. Il est très-difficile de bien définir l'espèce de sentiment qu'il éprouva pour elle. Ce n'étoit point Cigisbeat des Italiens ; ce n'étoit point l'amour tendre et délicat que l'infortunée Thomassine Spinola ressentit pour Louis XII et qui la conduisit au tombeau, lorsqu'elle eut appris la fausse nouvelle de la mort de son Intendio (L'objet de sa pensée.) Dans la passion de Louis XIII les nuances n'étoient pas les mêmes, les symptômes étoient différens, et elle produisoit d'autres effets. L'espèce de jalousie qu'elle faisoit naître n'a presque pas d'exemple, et nous laissons au Moraliste le soin d'expliquer ce phénomène du cœur humain. Si on considère cet amour relativement aux personnes qui en ont été l'objet, on trouvera que Madame de Hautefort uniquement occupée à plaire à la Reine sa Maîtresse, et à lui rendre des services, répondoit peu à l'Amour du Roi dont le caractère et les boutades la rebutoient tellement, que, suivant Melle

PRÉFACE.

de Montpensier, elle ne pouvoit quelquefois s'empêcher de se moquer du Prince son Amant. La tendre la Fayette, au contraire, sans s'aveugler sur les défauts du Roi, aimoit sa Personne et s'intéressoit à sa Gloire. Elle eut voulu le voir délivré du joug du Cardinal de Richelieu, et c'etoit aussi l'objet des vœux de Madame de Hautefort, mais pour une autre raison, pour tirer la Reine d'une servitude qu'elle partageoit avec son époux. Nous ne pousserons pas plus loin ce parallèle. Il seroit à souhaiter que l'on publiât une Vie manuscrite de Madame de la Fayette que nous avons lue autrefois avec le plus grand intérêt; mais nous ignorons dans quel dépôt elle se trouve aujourd'hui. Nous nous bornerons donc à la Vie de Madame de Hautefort.

On lit dans le nouveau le Long, Tome 4, » numéro
» 4809. MS. Vie de Madame de Hautefort, Duchesse
» de Schomberg, in-quarto. Il y en a une copie dans
» le cabinet de M. Beaucousin, Avocat au Parlement
» de Paris. Cette Vie a été écrite par une personne in-
» timement liée avec cette Dame. On y parle de ce qui
» s'est passé dans son âme; ce que l'on ne peut avoir su
» que d'elle même. Cette Vie paroît avoir été faite peu
» de temps avant la mort de Madame de Hautefort,
» qui s'etoit retirée au Couvent de la Magdeleine de
» Tresnelle, à Paris. Elle est morte en 1691. Elle fut
» célèbre sous le règne de Lous XIII et la minorité

PRÉFACE

» de Louis XIV. En 1646 elle épousa Charles de
» Schomberg, Duc d'Halluin et Maréchal de Fran-
» ce, mort en 1656. «

A la mort de M. Beaucousin, nous avons acquis ce manuscrit, sur lequel cet Avocat avoit écrit : « j'ai « donné notice de ce MS. pour la Bibliothèque Histori- « que de France. »

Cette Vie en général est bien écrite, et nous avons cru devoir conserver fidèlement jusqu'aux expressions, que le changement qui se fait dans toutes les langues ne permettroit pas à un Écrivain de conserver aujourd'hui. Nous avons éclairci quelques endroits, par des notes qui seront rejetées à la fin, pour ne point interrompre le récit. Ce qui paroîtra sans doute de plus utile et de plus admirable dans cette vie, c'est qu'on y trouve le portrait d'une Dame de la plus haute naissance, de la plus rare beauté et douée de tous les autres dons de la nature, qui a su donner des exemples de toutes les vertus, se faire aimer et se faire estimer, dans un lieu où tous les vices semblent dominer avec un empire absolu ; en un mot, le portrait de la vertu à la Cour.

FIN.

LA VIE

LA VIE
DE
MARIE DE HAUTEFORT,
DUCHESSE DE SCHOMBERG.

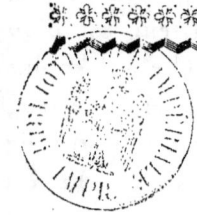

COmme l'on écrit présentement la Vie des Dames dont la vertu et la piété peuvent donner de l'édification, je ne doute pas que l'on ne reçoive agréablement celle que j'écris de Madame de Hautefort Duchesse de Schomberg. Sa grande faveur à la Cour dans le commencement de sa Vie, sous le règne de Louis XIII, où sa vertu a paru avec tant d'éclat, l'estime et la considération que Louis le Grand a toujours conservé pour elle, et la pieuse retraite dans laquelle elle passe la fin de sa Vie, la doivent faire regarder comme un modèle admirable, que les Dames des siècles avenirs doivent se proposer d'imiter.

Je commence l'histoire de la Vie de Madame de Hautefort, en faisant d'abord le portrait de sa personne, afin que l'on s'intéresse plus agréablement dans les grands événemens dont elle est remplie.

Madame de Hautefort est grande et d'une très-

B

belle taille, elle a les cheveux du plus beau blond cendré que l'on ait jamais vu, son tein est d'un blanc et d'un incarnat admirable, elle a les plus beaux yeux du monde, si vifs et si pleins de feu, que l'on en voit sortir le même éclat qui sort de ses diamans si brillans et si beaux, sa bouche est parfaitement belle, et d'un rouge si beau que l'art n'en sauroit imiter la couleur. ses dens sont blanches, bien faites et bien rangées, elle a le nez aquilin, et aussi grand qu'il faut pour lui donner un air de majesté admirable. Elle a dans son visage et dans toute sa personne un certain air de bonté et de majesté tout ensemble, si particulier, que tous ceux qui la connoissent, assurent que l'on sent en la voyant de la joie, de la tendresse, du respect et de la crainte : l'on est d'abord ravi de la voir, et l'esprit tout prévenu aussitôt de sa bonté et de sa vertu, fait que le cœur est rempli de respect et d'amitié pour elle. Il s'est vu même bien des gens qui ne pouvant démêler les sentimens qu'elle faisoit naître en la voyant, baissoient les yeux, sans oser les lever jusqu'à elle ; quoique son abord honnête et obligeant les dût rassurer de toute leur crainte. (A)

Cette personne si belle et si agréable a le cœur d'une Reine et d'une Héroïne ; elle est bonne, libérale, bienfaisante, et on peut dire avec vérité, que jamais personne malheureuse n'est sortie d'auprès d'elle sans être consolée, ou de ses conseils ou de ses présens. Elle a toujours compté que son bien et son crédit ne lui étoient donnés que pour adoucir les misères de son prochain, de quelque qualité qu'il fût. D'abord que leurs besoins étoient allés jusqu'à elle, elle ne songeoit plus qu'aux moyens de leur faire des présens d'une manière qui ne parût pas une aumône, pour leur en ôter la confusion. Combien a-t-elle donné de grosses pensions à des filles et à des femmes de qualité pour empêcher que la nécessité ne les obligeât de prendre d'autres secours par de méchantes voies ; et dans tous les états et dans tous les lieux qu'elle a été pendant sa vie, soit à la Cour, Favorite du Roi et de la Reine sa Maîtresse, soit mariée et Duchesse, son Hôtel a toujours été rempli de personnes qu'elle a fait subsister et qui avoient besoin de son secours.

Cependant elle étoit née avec une fierté et une ambition extraordinaire ; mais l'amour de la véritable Gloire et de la Vertu faisoit qu'elle sacrifioit toutes choses à sa réputation ; aussi a-t-elle eu le bonheur si rare aux personnes qui ont passé leur vie à la Cour comme elle, que l'on n'a jamais rien dit, ni rien écrit de désagréable pour elle ; au contraire tout le monde a toujours chanté ses louanges.

Enfin cette personne si belle et si charmante parut à la Cour à l'âge de quatorze ans comme l'Aurore ; c'est le nom qu'on lui a donné dans les mémoires écrits de ce temps-là ; (B) d'abord tout le monde l'admira et plusieurs ne purent s'empêcher de l'aimer, mais la fierté de son cœur et un Rival qui parut aussi puissant que Louis XIII forcèrent tous ses adorateurs à garder le silence et il n'y eut que le Roi seul qui osa parler.

Mais avant de commencer par ordre le récit de la Vie de Madame de Hautefort, je veux faire voir par celui de quelques aventures, de quelle manière elle vivoit à la Cour, et de quel air on traitoit la galanterie avec elle ; manière bien différente à la vérité de celle qui se traite aujourd'hui ; et les Dames verront par les aventures que je vas dire, que la délicatesse et la galanterie de ses amans a égalé celle des Héros des Romans du siècle où nous vivons et celle des siècles passés.

Le Prince de Marsillac, Duc de la Rochefoucauld, fut une de ses premières conquêtes ; (C) il étoit jeune, beau, d'un mérite et d'une naissance à pouvoir prétendre à toutes choses ; cependant il l'aima sans oser le lui dire. Il étoit à l'armée et à la veille d'une célèbre bataille, où tout le monde étoit occupé des soins de la guerre pour cette redoutable journée, ce Prince l'étoit seulement de ceux de l'amour. Il s'adressa au Marquis de Hautefort, il lui fit confidence de la respectueuse passion qu'il avoit pour sa sœur ; il lui donna une lettre pour elle, en lui faisant donner sa parole, que s'il mourroit le jour de la Bataille, il la donneroit à Madame de Hautefort sa Sœur, et lui diroit de sa part ce qu'il n'avoit osé lui dire lui-même ; mais que s'il revenoit du combat, il lui rendroit sa lettre, et ne parleroit jamais des choses qu'il lui avoit confiées.

Le Duc de Lorraine, oncle de ce Prince qui fait admirer sa valeur aujourd'hui à toute l'Europe, aima aussi Madame de Hautefort, sans oser lui en parler que par une galanterie qui égale celle que nous lisons des Chevaliers des siècles passés. Ce Duc avoit quitté la Cour de France et avoit pris les armes contre le Roi. Il étoit à la tête d'une armée considérable, et dans un combat ayant fait plusieurs prisonniers François, parmis lesquels s'étant trouvés deux Gentilshommes d'un grand mérite, ce Duc les voulut voir, et les ayant fait venir dans sa tente, il leur demanda leur qualité et des nouvelles de la Cour de France ; l'un d'eux lui ayant dit qu'il avoit servi dans les Mousquetaires avec un jeune frère de Madame de Hautefort, ce Duc lui demanda d'abord s'il connoissoit bien cette Dame admirable, et ce Gentilhomme l'ayant assuré qu'il l'avoit vue très-souvent à la Cour, alors ce Duc leur dit à tous ceux : je vous donne la liberté, et ne veux pour votre rançon que l'honneur de savoir que vous avez baisé la robe de Madame de Hautefort de ma part. Cela fut ponctuellement exécuté, et quand ces deux Gentilshommes eurent baisé le bas de sa robe, elle voulut les saluer à la Françoise, mais ils s'en défendirent comme d'un crime, en disant qu'ils ne devoient pas prétendre à un honneur que leur Libérateur même n'avoit osé espérer par le respect infini qu'il avoit pour elle.

Madame de Hautefort étoit fille du Marquis de Hautefort, et de Mademoiselle du Bellay. Ces deux Maisons illustres sont assez connues, il seroit inutile d'en parler. Elle perdit son père et sa mère dans une si grande jeunesse qu'elle ne les connoissoit pas. Elle demeura sous la conduite de Madame de la Flotte, sa grand'mère; mais comme cette Dame demeuroit dans la Province, Madame de Hautefort qui étoit née avec une ambition qui paroissoit dans un âge où elle ne se connoissoit pas encore elle-même, crut qu'elle n'étoit pas née pour passer sa vie, cachée dans la solitude d'une Province et songea d'abord à se mettre à la Cour; mais comme elle ne voyoit point par quel moyen elle pourroit réussir, elle s'adressa à Dieu, et elle parloit depuis fort plaisamment de la ferveur avec laquelle elle s'enfermoit dans son cabinet, et avec laquelle elle demandoit à Dieu de la mettre à la Cour. Cette prière et ces vœux offerts par une personne de douze ou treize ans, furent enfin écoutés de celui qui l'a destinée pour donner à la Cour un si rare exemple. Les affaires de Madame de la Flotte se tournèrent bientôt d'une manière qu'il fut nécessaire qu'elle allât à Paris et qu'elle y menât sa petite fille.

Madame de la Flotte étoit connue de Madame la Princesse de Conty; ainsi d'abord qu'elle fut à Paris, elle fut la voir, et cette Princesse trouva Mademoiselle de Hautefort si belle, et si agréable, qu'elle la voulut mener à la promenade avec elle. Elle fut au Cours, et tout le monde cherchoit à deviner qui étoit cette belle personne que l'on voyoit à la portière de son carrosse, et tout le soir on ne parla que de Mademoiselle de Hautefort.

Les amis de Madame de la Flotte lui conseillèrent de la mettre Fille d'Honneur de la Reine, mais comme les places étoient remplies, on la mit Fille d'Honneur de la Reine-mère Marie de Médicis. Elle ne fut pas long-temps à cette Reine, car s'étant bientôt trouvé une place chez la jeune Reine, on la lui donna pour Fille d'Honneur. Elle ne fut pas long temps au service de cette Princesse, sans qu'elle l'honnorât de son amitié et de sa confiance. Elle étoit de ses dévotions et de tous ses divertissemens, et l'honneur que lui faisoit cette grande Reine, donna une si véritable reconnoissance a Mademoiselle de Hautefort, et un si grand attachement pour sa personne, que ni l'intérêt de sa fortune, ni tout ce que les personnes les plus puissantes du Royaume surent faire depuis, ne fut jamais capable de lui faire quitter les intérêts de la Reine, ni la détacher de sa confiance.

Le Roi la regardoit avec autant d'estime et de tendresse que faisoit la Reine son Épouse, et toute la Cour la regardoit avec admiration, tant sa piété, sa bonté et sa civilité avoient de charmes, pour tous ceux qui parloient à elle, car sa fierté n'a jamais été pour ses amis, elle étoit seulement réservée pour ses amans.

La première galanterie que le Roi fit, et qui fit connoître à toute la Cour les sentimens qu'il avoit pour elle, fut à un sermon où la Reine étoit et toute la Cour. Les Filles d'Honneur de la Reine étant assises par terre, le Roi prit le carreau de velours sur lequel il s'agenouille, et l'envoya à Mademoiselle de Hautefort pour s'asseoir, si bien que la surprise de cette belle personne augmenta sa beauté par la rougeur qui parut sur son visage ; car ayant levé les yeux, elle vit ceux de toute la Cour arrêtés sur elle, que cette galanterie du Roi n'avoit pas moins surprise que celle pour qui il la faisoit. Elle reçut ce carreau avec un air si modeste et si respectueux et si grand tout ensemble, qu'il n'y eut personne qui ne jugeât qu'elle le méritoit. La Reine lui ayant fait signe de le prendre, elle se mit auprès d'elle sans s'en vouloir servir.

Il

Il n'en fallut pas davantage pour la faire regarder de tout le monde avec beaucoup plus de considération que l'on avoit accoutumé, et la Reine fut la première à la rassurer, en lui faisant la guerre de la passion du Roi. Elle l'en aima même davantage, et elle voyoit tant d'estime du côté du Roi, et tant de vertu du côté de Mademoiselle de Hautefort qu'elle devint la Confidente de tous deux. Un jour que le Roi étant entré dans la chambre de la Reine, comme elle étoit encore à sa toilette, et ayant vu que Mademoiselle de Hautefort tenoit un billet dans sa main que l'on lui venoit de donner ; le Roi voulut voir ce billet, mais Mademoiselle de Hautefort l'ayant déjà lu, et voyant que celle qui le lui écrivoit lui faisoit quelqu'innocente guerre sur le sujet de sa nouvelle faveur, elle n'avoit garde de le montrer au Roi, et craignant qu'il n'employât le crédit de la Reine pour le lui ôter, elle le mit dans son sein, et lors la Reine s'étant levée de la toilette, lui prit les deux mains et dit au Roi de le prendre dans l'endroit où elle l'avoit mis avec sa main, mais le Roi dit qu'il n'avoit garde, qu'il étoit en lieu de sûreté et qu'il n'osoit y toucher, si bien que la Reine la tenant toujours, il prit des pincettes d'argent qui étoient au foyer, pour essayer s'il pourroit avoir ce billet avec ces pincettes, mais elle l'avoit mis trop avant, et ainsi la Reine la laissa aller après s'être divertie et de la

C

peur de Mademoiselle de Hautefort et de celle du Roi. (1)

La Charge de Dame d'Atours de la Reine, étant vacante, le Roi et la Reine voulurent faire ce plaisir à Mademoiselle de Hautefort de la donner à Madame de la Flotte et de lui en donner la survivance, à condition que Madame de la Flotte serviroit le matin, et Mademoiselle de Hautefort serviroit le reste du jour; et lors le Roi la nomma *Madame de Hautefort*, d'abord qu'elle eut prêté serment pour cette Charge, si bien que voilà cette nouvelle Dame d'Atours dans une faveur extraordinaire, qui commença d'abord à être employée pour ses amis, car elle avoit tant de hauteur dans l'âme, qu'elle n'auroit jamais pû se résoudre de demander rien pour elle ni pour sa famille; et tout ce qu'on pouvoit obtenir d'elle c'étoit de recevoir ce que le Roi et la Reine vouloient faire pour elle.

La Reine l'aimoit et le Roi l'adoroit, et quoique ce Prince eut été jusques-là peu sensible aux passions, cependant l'Amour et la jalousie qu'il avoit pour Madame de Hautefort étoient si violens, qu'il ne pouvoit souffrir sans chagrin que personne lui parlât, ni même la regardât avec trop d'attention. Il lui disoit souvent que si le Roi Henri le Grand, son Père, étoit en vie, il mourroit de déplaisir, parce qu'assurément il seroit amoureux d'elle, et qu'elle ne sauroit le souffrir. Si bien que sa jalousie étoit assez extraordinaire, puisqu'il ne craignoit pas qu'elle aimât personne, mais il craignoit seulement qu'on l'aimât ; il souffroit même avec chagrin l'attachement qu'elle avoit pour la Reine, et il lui disoit souvent : vous aimez une ingrate, et vous verrez comment elle payera un jour vos services.

Monsieur le Cardinal de Richelieu étoit alors celui sur qui le Roi se déchargeoit des fatigues et des soins que lui donnoit le Gouvernement de l'État. Ce Ministre étoit le Maître de toutes les Grâces et de toutes les Charges du Royaume ; car le Roi étoit si persuadé de son grand génie et de sa conduite, qu'il agréoit tout ce qu'il faisoit, si bien que ce Ministre a qui toute la France faisoit la cour, fit tout ce qu'il pût pour obliger Madame de Hautefort de vouloir être de ses amies ; mais comme elle savoit l'aversion que la Reine avoit pour lui, et les sujets qu'elle avoit de se plaindre de ce Ministre, elle évita d'avoir aucun commerce avec lui ; elle dédaigna même son amitié, dans un temps où toute la Cour faisoit des vœux pour en être regardée seulement (E)

Ce fut dans ce temps-là que Monsieur le Cardinal de Richelieu qui vouloit être seul maître de l'esprit du Roi, en avoit éloigné la Reine par plusieurs intrigues, qui avoient rendu cette Reine suspecte au Roi et à l'État, par l'attachement qu'il prétendoit qu'elle avoit pour l'Espagne. Il fit même chercher la cassette de cette Princesse, qu'il prétendoit être au Val-de-Grâce, et fit arrêter un de ses Valets de Chambre qu'il fit mettre à la Bastille.

Quoique Madame de Hautefort ne crût point que la Reine eût des intrigues contre l'Etat, elle étoit persuadée néanmoins, que Monsieur le Cardinal tourneroit les choses d'une manière à la faire trouver coupable, quand même elle seroit innocente ; si bien que sans considérer qu'elle déchaînoit contre elle, par l'attachement qu'elle avoit pour la Reine, un Homme tout puissant qui la perdroit elle-même ensuite ; elle rendoit à cette Princesse tous les services qu'elle pouvoit. La Reine fut au désespoir, lorsque son Valet de Chambre fut prisonnier ; il devoit être interrogé, et il falloit, pour rompre toutes les mesures de Monsieur le Cardinal, qu'il fût instruit de ce qu'il devoit dire ; mais à qui confier une affaire de cette importance, la Puissance de ce Ministre étant redoutable à tout le monde ? Madame de Chevreuse, à qui la Reine avoit une entière confiance, étoit retirée hors de Paris. Craignant d'être arrêtée, et craignant la prison plus que la mort, elle étoit resolue de s'enfuir, si ce Valet de Chambre donnoit lieu de la soupçonner par ses réponses. La Reine s'adressa à Madame de Hautefort, étant sûre qu'elle comptoit pour rien de hasarder sa fortune pour ses intérêts, afin qu'elle trouvât un moyen pour faire savoir à Madame de Chevreuse qu'elle ne partit point de France, et qu'elle l'avertiroit s'il y avoit quelque chose à craindre pour elle, parce que sa fuite auroit gâté les affaires de la Reine ; si bien que Madame de Hautefort ne sachant à qui se fier, tout le monde étant observé, elle n'osa écrire ; mais elle avoit un de ses parens à Paris, à qui elle donna cette commission, sans lui en dire davantage. Ce Gentilhomme alla trouver Madame la Duchesse de Chevreuse, pour l'assurer que la Reine l'avertiroit s'il y avoit à craindre pour elle ; mais comme il n'étoit pas facile de confier cela à une lettre, et qu'il ne falloit pas que l'on vît revenir deux fois chez cette Duchesse, un homme que l'on connoîtroit pour parent de Madame de Hautefort, il fut arrêté entre Madame de Chevreuse et lui, qu'il lui enverroit un livre par un laquais et s'il falloit partir que ce livre auroit la couverture rouge, et que s'il falloit demeurer et qu'il n'y eût rien à craindre, il seroit couvert en bleu : ce Gentilhomme habile mit sur ses tablettes la couleur qui devoit faire demeurer, ou partir, ne se fiant pas à sa mémoire pour une affaire si importante. Il est à croire que Madame de Chevreuse n'en fit pas de même car la Reine ayant vû qu'il n'y avoit rien à craindre pour elle, dit à Madame de Hautefort de le lui faire savoir. Ce parent ayant envoyé un livre couvert de bleu à cette Duchesse, elle en fut si troublée en le recevant, que croyant que c'étoit la couleur qu'ils avoient arrêtée qui devoit signifier le départ, elle s'habille en homme ; et deux heures après et avec peu de train, elle partit et s'en alla hors du Royaume (F) Ce fut une grande surprise pour la Reine et pour toute la Cour, et pour Madame de Hautefort, laquelle étant assurée que ce Gentilhomme ne s'étoit point mépris elle crut que cette Duchesse avoit pris ce prétexte pour sortir de France. Dans la suite Madame Chevreuse ne manqua pas de croire, voyant que les affaires de la Reine n'étoient pas en état qu'elle dût partir, que la Reine et Madame de Hautefort avoient fait cela pour l'éloigner de la Cour ; si bien que ce départ fit croire à toute la Cour que la Reine étoit perdue et que son Valet de Chambre alloit dire des choses bien criminelles. La Reine étant dans un désespoir incroyable et n'ayant personne à qui elle pût s'assurer, elle dit à Madame de Hautefort qu'elle ne pouvoit confier à personne qu'à elle une affaire où il alloit de toutes choses pour elle et qu'il falloit trouver moyen de faire rendre une lettre à ce Valet de Chambre, qui étoit prisonnier, qui lui serviroit d'instruction pour ses réponses quand on l'interrogeroit : elles examinèrent ensemble les moyens qui se pouvoient trouver pour cela ; mais tout paroissoit impossible, si bien que la Reine étoit dans une désolation extrême ; enfin Madame de Hautefort à qui l'envie de servir la Reine et la pitié qu'elle avoit de la voir dans une si grande inquiétude, donnoit des inventions et des hardiesses dont elle n'auroit jamais été capable dans un autre temps, ni pour ses propres intérêts ; elle prit donc un dessein si hardi, qu'elle s'est étonnée depuis mille fois d'avoir été capable de l'exécuter ; car si on l'avoit surprise en négociant cette affaire, où en auroit elle été et à quel péril ne s'exposoit-elle pas pour toutes choses. Elle songea que Monsieur le Commandeur de Jars, qui étoit un homme de qualité de la Cour et qui étoit mêlé dans mille sortes de grandes intrigues, étoit dans la Bastille prisonnier ; mais quoiqu'elle le connût peu, elle prit pourtant le dessein de l'aller trouver elle même et lui proposer de la part de la Reine de trouver un moyen pour faire rendre cette lettre à son Valet de Chambre qui étoit prisonnier au quatrième étage, au dessous de la chambre de ce Commandeur et dans un cachot. Elle crut qu'une lettre qu'elle lui enverroit étant prise, feroit croire la Reine plus coupable qu'elle n'étoit, et crut encore que ce Commandeur n'agiroit pas sur une lettre, pour une affaire où il y alloit de sa vie, s'il avoit été découvert ; enfin elle se résolut d'y aller elle-même ; mais il étoit bien difficile de pouvoir sortir du Louvre sans qu'elle fût vue et encore plus observée qu'elle ne l'étoit. Elle prit donc le parti de se déguiser en grisette et de sortir seule dans un carosse inconnu. Elle sortit du Louvre, mais quand elle fut dans le carosse et qu'elle connut qu'elle hasardoit, non-seulement sa personne pour la Reine ; mais encore sa réputation si elle étoit reconnue ; elle se repentit, mais trop tard, d'avoir eu tant de zèle pour le service de la Reine ; cependant sûre du secours de Dieu, elle quitte ce carrosse près de la Bastille et s'en va à pied dans ce lieu où il étoit si difficile d'entrer. Elle avoit grand soin de cacher ses beaux yeux qui étoient connus de tout le monde et son beau visage qu'elle avoit barbouillé le mieux qu'elle avoit pû. Elle marchoit d'un air si déconcerté que l'on ne manqua pas de croire que c'étoit quelque honnête Demoiselle ; enfin elle demanda à parler à Monsieur le Commandeur de Jars ; elle dit qu'elle étoit la sœur de son Valet de Chambre qui se mouroit, et qu'il falloit qu'elle lui parlât pour des affaires d'importance, pour ce Commandeur, lequel avoit depuis peu seulement la liberté de descendre dans la cour de la Bastille pour se promener quelques heures du jour. Les uns crurent ce qu'elle disoit, mais comme elle cachoit avec grand soin son beau visage, plusieurs en faisoient de très-mauvais jugemens ; enfin on avertit le Commandeur de Jars de cette visite : lui qui savoit bien que son Valet

de

de Chambre n'étoit point malade, ne savoit ce que c'étoit. Enfin il descendit, croyant trouver quelque Demoiselle d'intrigue ; mais quelle fut sa surprise quand Madame de Hautefort l'eût mené dans un bout de la cour et qu'elle leva sa coiffe pour se faire reconnoître à lui. Sa surprise fut si grande qu'il alloit crier : ah ! Madame, est ce-vous ? Mais elle l'arrêta comme il ouvroit la bouche et lui dit qu'elle ne doutoit pas de sa surprise de la voir avec un habit et dans un lieu comme cette prison, mais qu'il le seroit bien davantage quand elle lui auroit dit qu'elle étoit de la part de la Reine, pour une affaire si importante qu'elle ne l'avoit pû confier qu'à elle et à lui, qu'il y alloit de toutes choses pour la Reine et qu'elle avoit compté qu'il ne l'abandonneroit pas dans une affaire où elle avoit besoin de son affection, qu'il étoit question de faire rendre un papier cacheté à un Valet de Chambre de la Reine qui étoit à la Bastille avant qu'il fût interrogé. Ce Commandeur fut bien étonné de voir qu'il étoit question de hasarder sa vie et toute sa fortune pour la Reine ; il balança, il songea, il se recula et Madame de Hautefort le voyant chanceler, lui dit : eh ! quoi, vous balancez et vous voyez ce que je hasarde aussi bien que vous, car si je viens à être découverte, que dira-t-on de moi ? Enfin ce Commandeur lui dit, eh bien, il faut donc faire ce que la Reine demande, et il n'y a

D

pas de remède ; je ne fais que sortir de dessus l'échafaud, il faut que j'aille m'y remettre encore. Il prit la lettre de la Reine et il fut assez heureux pour faire percer son plancher, et pour la faire passer avec une corde et ordre à la première chambre d'en faire autant, à la seconde et à la troisième et enfin à la quatrième, où étoit le Valet de Chambre. Il ne manqua pas d'attacher de l'argent avec la lettre pour la faire passer avec le billet qui ordonnoit de percer jusqu'au quatrième étage et de garder le secret ; si bien que ce Valet de Chambre, si bien gardé par les soins de Monsieur le Cardinal, reçut une instruction par une voix que ses gardes ne purent jamais deviner, ni Monsieur le Cardinal aussi, et justifia dans son interrogatoire entièrement la Reine ; mais enfin la joie de cette Princesse ne fut pas plus grande que celle qu'eût Me de Hautefort, lorsqu'étant sortie de la Bastille, elle se remit dans son carrosse comme une grisette, et se retrouva dans sa chambre, sans que personne du Louvre en eût eu aucune connoissance ; elle respira alors, elle rendit à Dieu des graces infinies, pour l'avoir tirée d'un péril dont elle n'avoit pas vu la grandeur quand elle s'y étoit embarquée, mais qui lui parroissoit si grand qu'elle en étoit effrayée. (G)

Que de remercîmens ne reçut-elle pas de la Reine pour un service de cette importance ! si cette Princesse avoit eu alors le crédit qu'elle a eu depuis ; que n'auroit-elle pas fait pour elle ! La Reine étant devenue grosse dans ce temps-là, le Roi vécut avec elle d'une manière plus douce et plus obligeante que Monsieur le Cardinal n'auroit souhaité : il arriva que la Reine étant accouchée de Louis le Grand, la joie de la France fut d'autant plus grande que c'étoit après vingt-deux ans de mariage et qu'on regardoit ce Prince comme un présent du Ciel, car il paroissoit même quelque chose de Divin par ce qui se passa ; car le lendemain que cette Princesse fut grosse, un religieux s'adressa à Madame de Hautefort pour la prier qu'il pût parler à la Reine ; elle le fit entrer, et ce religieux qui étoit le gardien des Jacobins, la pria de s'approcher d'une fenêtre et lui dit qu'un frère lai de leur couvent avoit eu une révélation cette nuit-là qu'elle étoit grosse d'un fils. La Reine rougit et regarda cela comme une rêverie que le zèle de ce bon religieux lui faisoit débiter, et elle n'y songea qu'au bout d'un mois qu'elle se connut grosse. Elle avoit dit pourtant ce discours dans le même-temps que ce bon religieux lui avoit parlé : enfin la naissance de ce Prince remplit la Cour de joie, de divertissemens et de magnificences. Monsieur le Cardinal demanda au Roi la charge de Gouvernante de Monsieur le Dauphin pour Madame de Lansac sa parente. Madame de Hautefort qui n'avoit jamais rien voulu demander au Roi ne fut pas contente de ce que le Roi n'avoit pas songé a la donner de lui-même a Madame de la Flote, sa grand'mère qui étoit Dame d'Atours ; mais quoique le Roi eût cette pensée sans l'avoir dite, il n'osa pourtant refuser la seule chose que lui avoit demandé Monsieur le Cardinal pour sa famille. Madame de Hautefort en prit un air un peu plus sévère avec le Roi, qui fut au désespoir ; il ne savoit ce qu'il avoit fait qui lui avoit pû déplaire et enfin ne pouvant vivre tant qu'elle paroissoit n'être pas contente de lui, il s'adressa a Monsieur le Cardinal, lui dit, qu'il étoit le plus malheureux du monde, qu'il connoissoit que Madame de Hautefort avoit quelque chagrin, qu'il vît ce qu'il pourroit faire pour l'adoucir. Monsieur le Cardinal vit mieux que le Roi d'où venoit le sérieux de cette Dame, et il assura le Roi qu'il travailleroit à la satisfaire et a l'obliger à ne donner plus au Roi un si grand déplaisir que celui qu'il lui paroissoit.

Monsieur le Cardinal étant de retour chez lui, fit venir un jeune page qu'il avoit, qui étoit parent de Madame de Hautefort, car c'étoit la mode, pour faire sa cour, que l'on donnât à ce Ministre les jeunes gens de la première qualité pour être élevés chez lui : il dit donc à ce jeune page d'aller trouver Madame de Hautefort de sa part et de lui dire que comme son très-humble Serviteur, il vouloit bien lui donner avis que les plus courtes colères, contre le Roi, n'étoient que les meilleures ; qu'elle avoit mis le Roi dans une affliction qui pourroit nuire à sa santé. Ce Page s'acquitta de sa commission. Madame de Hautefort fut obligée par la presse que lui en fit toute sa famille et de quitter son sérieux pour le Roi et encore d'aller voir Monsieur le Cardinal, et le remercier de s'être intéressé de lui donner cet avis.

Elle fut donc chez Monsieur le Cardinal qui la reçut avec des agrémens, des honneurs et des civilités qu'il n'auroit dû rendre qu'à la Reine ; toutes les portes furent ouvertes ; il fut au devant d'elle, et enfin elle vit d'abord combien sa visite faisoit de plaisir à ce Ministre ; il lui dit qu'il étoit au désespoir d'être cause du petit chagrin qu'elle avoit eu, mais que n'ayant pas cru qu'elle voulût cette Charge pour Madame sa Grand'mère, il l'avoit demandée au Roi pour sa parente, pour laquelle il avoit toujours eu beaucoup de considération ; mais qu'il répareroit cela par tous les plaisirs qu'il pourroit lui faire, qu'il voyoit bien qu'elle ne vouloit rien demander au Roi, mais qu'il la supplioit de lui faire connoître quand elle voudroit quelque chose pour sa famille, que sans qu'elle en eût l'obligation au Roi, elle auroit tout ce qu'elle souhaiteroit.

Madame de Hautefort s'en retourna au Louvre, et quoiqu'elle gardât toujours ses airs respectueux pour le Roi, elle quitta néanmoins cet air froid qu'elle avoit pris et qui mettoit ce Prince au désespoir ; enfin la joie revint dans le cœur du Roi et sur son visage ; et ce fut dans ce temps qu'elle fit ce Couplet de Chanson :

Hautefort la merveille réveille
Tous les sens de Louis,
Quant sa bouche vermeille
Lui fait voir un souris.

Cependant la Reine qui se voyoit un fils, se trouvoit dans une considération bien plus grande qu'à l'ordinaire, et ne pouvant pardonner à Monsieur le Cardinal de l'avoir voulu perdre dans l'esprit du Roi, elle cherchoit à lui faire tous les chagrins, qu'elle pouvoit, par mille sortes d'intrigues, qu'elle faisoit contre ce Ministre : Monsieur le Cardinal craignoit le pouvoir de la Reine, et encore plus celui de Madame de Hautefort, laquelle étoit toujours attachée à la Reine et de qui il ne pouvoit espérer aucune complaisance ; cela lui fit enfin prendre la résolution de faire ses efforts pour l'ôter de la Cour ; mais c'étoit une affaire qui lui paroissoit bien difficile, de faire consentir le Roi a ne la voir plus ; il dit au Roi que tout le monde étoit si persuadé du grand pouvoir que Me de Hautefort avoit sur son esprit et de l'attachement qu'elle avoit pour la Reine, que cela mettoit toute la Cour dans des intrigues continuelles contre lui, qu'il ne pourroit plus soutenir et seroit obligé de quitter les affaires de l'État et de se retirer. Cette raison étoit le vrai moyen de faire donner le Roi dans le piége qu'il souhaitoit, tant ce Prince craignoit de se voir chargé d'un si grand embarras : il lui demanda ce qu'il faudroit faire pour mettre ordre à cela : ce Ministre lui dit, qu'il ne savoit qu'un moyen, qu'il n'osoit lui proposer, qui étoit d'éloigner pour quinze jours seulement Madame de Hautefort de la Cour, afin que voyant que sa faveur n'étoit pas aussi grande que l'on croyoit, cela pût retenir tout le monde : le Roi fut au désespoir de cette proposition ; mais enfin ce Ministre lui dit tant de raisons, qu'il fit résoudre le Roi de l'éloigner pour quinze jours seulement, à condition qu'il empêcheroit qu'elle ne lui parlât point, de peur qu'il ne pût tenir sa résolution : M. le Cardinal fit donc dire à Madame de Hautefort de la part du Roi de se retirer de la Cour pour quelque temps, ayant jugé cela nécessaire pour le bien de l'État ; et en même-temps, il y eut un ordre aux Gardes de refuser la porte à Madame de Hautefort des lieux où seroit le Roi : elle fut bien surprise, comme l'on peut juger, de recevoir cet ordre, et elle vit bien que ce Ministre avoit plus d'intrigues et savoit mieux ménager l'esprit du Roi qu'elle, et elle se disposa à partir ; mais quoiqu'elle sût qu'on avoit ordonné de lui refuser la porte où seroit le Roi, de peur qu'elle ne lui par-

lât ; elle étoit si bonne et si aimée de tout le monde, que lorsqu'elle se présenta à la porte, les Gardes après lui avoir dit leur ordre, n'osèrent s'opposer à ce qu'elle entrât : la surprise du Roi fut grande en la voyant avec un air de grandeur et de fierté tout ensemble que le dépit lui donnoit et qui augmentoit sa beauté : elle lui dit qu'avant de partir de la Cour, par son ordre, elle avoit voulu savoir quel crime elle avoit commis pour avoir mérité d'être exilée ? Le Roi lui dit que son exil n'étoit que pour quinze jours, qu'il l'avoit accordé avec une violence extrême aux raisons d'État, à cause des intrigues qui troubloient toute la Cour et que l'on faisoit sous son nom, qu'elle le devoit plaindre de la violence qu'il avoit faite à son inclination, et de la douleur qu'il en souffriroit pendant ce temps : elle lui dit qu'elle l'assuroit que les quinze jours seroient pour le reste de sa vie, qu'ainsi elle prenoit congé de lui pour toujours : Le Roi l'assura, comme il le croyoit, que rien au monde ne pouvoit l'obliger à se priver de la voir un jour de plus que ce temps de quinze jours. Cependant elle sortit de la chambre du Roi et elle fut dire adieu à la Reine : cette Princesse étoit bien plus affligée que Madame de Hautefort ; elle voyoit qu'elle étoit cause de cet exil, et qu'elle perdoit une personne à qui elle avoit la dernière confiance et à qui elle avoit toutes sortes d'obligations et
qu'elle

qu'elle aimoit tendrement ; cependant il fallut la
quitter cette Princesse pleura, sanglotta, l'embrassa plusieurs fois, et faveur que les Reines ne font
à personne sans titre, elle la baisa ; et dans le trou-
ble où elle étoit, elle n'eut rien à lui donner, mais
défaisant ses pendans d'oreilles qui étoient de la
valeur de dix ou douze mille écus, elle les lui donna, la priant de les garder pour l'amour d'elle :
enfin Madame de Hautefort partit, et laissa tous
ses amis et ses amies et ses amans dans une extrême affliction. Elle s'en alla à la Flote, qui étoit une
Terre à Monsieur le Marquis de Hautefort, près de
la Ville du Mans. (F) Monsieur le Comte de Montignac, son jeune frère et Mademoiselle Descars,
sa sœur, s'en allèrent avec elle ; et elle avoit sans
cesse des Couriers de la Reine et de toute la Cour.
Toutes les Femmes de la Reine étoient inconsola-
bles ; car outre la considération qu'elles avoient
pour elle, sa grande libéralité étoit encore une raison qui la faisoit regretter ; car tous les meubles et
les habits de la Reine qui devoient être à Madame
de Hautefort, à cause de sa Charge de Dame d'A-
tours, elle les donnoit tous aux Femmes de la Reine, malgré Madame de la Flote qui y avoit part
aussi bien qu'elle, et qui n'étoit pas d'une humeur
si libérale que Madame de Hautefort. Toutes les
Dames de la Ville du Mans et des environs tâ-
choient d'adoucir sa disgrace par tous les moyens

E

qu'elles pouvoient juger propres pour la divertir.

Enfin la prophétie que Madame de Hautefort avoit faite au Roi qu'il ne la verroit plus se trouva véritable : Monsieur le Cardinal occupa le Roi par mille divertissemens de chasses et de voyages, de telle sorte qu'éloignant toujours le retour de Madame de Hautefort de quelques jours, quand le Roi lui en parloit, ce Prince s'accoutuma insensiblement à son absence. Il s'éleva dans ce temps-là des orages contre Monsieur le Cardinal ; Monsieur de Cinq-Mars et plusieurs autres furent sacrifiés à la colère de ce Ministre ; et enfin sa mort mit fin à la haine que la Reine avoit pour lui et à celle de bien d'autres. La maladie du Roi suivit de bien près la mort de Monsieur le Cardinal et M. le Cardinal Mazarin prit ainsi dans ce temps-là la place qu'occupoit Monsieur le Cardinal de Richelieu. La santé du Roi étoit si languissante que l'on voyoit mourir ce Prince tous les jours peu à peu. La Reine, quoique ravie de se voir délivrée de M. le Cardinal de Richelieu, n'osa pourtant rappeler toutes ses créatures, de peur de déplaire au Roi dans l'état où il étoit, et parce qu'elle avoit besoin de le ménager, afin qu'il la laissât Régente ; et par cette raison Madame de Hautefort ne revint à la Cour qu'après la mort du Roi. La Reine lui envoya le Portrait de Monsieur le Dauphin en mignature dans sa solitude, et elle recevoit toutes les marques de bonté de cette Princesse qu'elle pouvoit souhaiter. Enfin le Roi mourut, et d'abord la Reine envoya un Courier à Madame de Hautefort et lui écrivit de venir à la Cour: elle revient donc à la Cour avec la joie qu'on peut penser, et elle pouvoit se flatter, avec raison, que sa faveur seroit plus grande que jamais auprès de cette Reine qui se trouvoit alors Régente et en état de récompenser tous ceux qui l'avoient servie. Elle arriva à la Cour et elle y fut reçue avec une extrême joie de tout le monde, elle étoit véritablement et sincèrement aimée; ayant toujours fait du bien à tous ceux qu'elle avoit pu, et n'ayant jamais voulu faire du mal à personne; ainsi tout le monde croyoit trouver en elle la même protection, et la voyant encore en état d'être plus puissante qu'elle n'avoit été, on se réjouissoit par toutes sortes de raisons de son retour. La Reine la reçut avec mille caresses et mille témoignages d'amitié: tout le monde voyoit avec plaisir que le cœur de la Reine n'avoit point changé pour l'absence de Madame de Hautefort; elle le crut aussi, mais non pas long-temps; car le soir elle s'apperçut qu'il y avoit quelque diminution à la faveur, car étant demeurée auprès de la Reine lorsqu'elle fut couchée, comme elle avoit accoutumé pour faire la prière, comme elle faisoit autrefois; mais comme tout le monde sortit, une Femme de Chambre lui dit: Madame, il faut sortir aussi, s'il vous plaît:

Madame de Hautefort se mit à rire, croyant qu'elle se trompoit et lui dit, cet ordre n'est pas donné pour moi : cette Femme de Chambre lui dit, que personne n'étoit excepté ; et Madame de Hautefort ayant vu que la Reine entendoit cette dispute et qu'elle ne disoit rien, connut que la Reine n'étoit plus la même pour elle : cependant il n'y eut qu'elle qui s'en apperçut, (I) et tout le monde se réjouissoit, avec elle, de voir sa grande faveur. Elle aimoit véritablement la Reine, et elle ne pouvoit point s'empêcher de lui dire ses sentimens sur bien des choses qui se passoient et qui interressoient la gloire de cette grande Reine, a qui Monsieur le Cardinal Mazarin persuada qu'il falloit garder plus de gravité dans l'état de sa Régence et ôter, autant qu'elle pourroit, les airs de familiarité qu'elle avoit donnés auprès d'elle à ses amies et à ses créatures ; et enfin Monsieur le Cardinal Mazarin craignant que les services que Madame de Hautefort avoit rendus à la Reine ne la missent en droit de lui disputer la faveur de la Reine, il résolut de la faire sortir de la Cour. (K) Le Roi étoit alors encore fort jeune, mais il avoit une extrême amitié pour Madame de Hautefort, il l'appeloit sa femme, et quand elle étoit incommodée et qu'elle gardoit le lit, il étoit sur son lit et se divertissoit avec elle ; il faisoit collation dans sa chambre et enfin il l'aimoit autant qu'un enfant de son âge pouvoit aimer.

quelque chose. (L)

Monsieur le Cardinal Mazarin ne sachant par quel endroit diminuer l'amitié que la Reine avoit pour Madame de Hautefort lui disoit sans cesse qu'elle blamoit tout ce que la Reine faisoit et qu'elle s'en moquoit souvent, et enfin soit que ce fût un prétexte que la Reine prît pour se défaire d'une personne qui étoit en droit par ses services de lui parler plus fortement qu'une autre ; la Reine prit le premier prétexte qu'elle trouva, qui fut qu'un soir une Femme de Chambre de la Reine lui demandoit quelque chose que la Reine ne vouloit pas lui donner ; elle se mit à quereller la Reine, lui disant qu'il valloit mieux être a des Bourgois de Paris qu'à des Rois et à des Reines , et que si elle ne faisoit rien pour ses Domestiques , présentement , qu'est-ce qu'on en devoit attendre ? La Reine ne disoit rien ; mais Madame de Hautefort s'étant mise à rire en disant, en vérité cela est admirable de voir Mademoiselle quereller la Reine de toute sa force ; la Reine lui dit assez aigrement, ce n'est pas d'aujourd'hui Madame que je sais que vous vous moquez de moi. (M). Madame de Hautefort étant bien surprise de ces paroles et de cet air de la Reine, si peu accoutumés, elle fit ses excuses bien respectueusement ; mais elle vit bien que c'étoit une querelle d'Allemand , et qu'il falloit quitter la Cour qu'elle n'y étoit pas agréable aux Ministres ; elle ferma le rideau de la Reine quand elle fut au lit, comme elle avoit accoutumé les autres jours, et lui dit : je vous assure, Madame, que si j'avois servi Dieu avec autant d'attachement et de passion que j'ai fait toute ma vie Votre Majesté, je serois une grande Sainte : la Reine ne répondit rien, et Madame de Hautefort compta sûrement que le lendemain elle auroit un ordre de se retirer ; elle n'en voulut rien dire à ses Femmes pour leur épargner une méchante nuit qu'elle passa seule avec bien du dépit, et elle se souvint alors de ce que le feu Roi lui avoit dit souvent : vous servez une ingratte. (N) Le lendemain elle eut un ordre comme elle avoit prévu : elle monta dans son carrosse et s'en alla dans le Couvent des Filles de Sainte Marie, de la rue Saint-Antoine ; ce fut là où elle fit les réflexions sur l'inconstance de la fortune, combien la vie de la Cour est remplie de peines et d'inquiétudes, quand on fait son devoir ; on ne peut faire sa fortune et quelquefois son salut ; et enfin elle se trouva heureuse avec ces saintes Filles et fit ce qu'elle pût pour se faire Religieuse : mais Dieu qui la destinoit pour le monde, lui ôta toute l'envie qu'elle en avoit. Après avoir demeuré là quelque temps, elle en sortit et elle prit un Hôtel à Paris, avec tout l'équipage que demandoit le rang qu'elle tenoit. Elle n'alla plus à la Cour, mais tous ses amis et ses amies la venoient voir très-souvent malgré sa disgrace.

Il y avoit alors à la Cour un Héros qui étoit M. le Maréchal Duc de Schomberg, qui étoit d'un mérite, d'une valeur extraordinaire ; il avoit les premières Charges de la Cour, il ne voyoit que les Princes au-dessus de lui. Il étoit fait à peu près comme l'on dépeint les Héros de Romans : il étoit noir, mais sa mine haute, guerrière et majestueuse inspiroit du respect à ses amis, et de la crainte à ses ennemis ; il étoit magnifique, libéral et avoit fait des dépenses extraordinaires dans les emplois qu'il avoit eus, en commandant les armées de France ; sa mine étoit tellement pleine de majesté, qu'un jour étant chez une Dame, et étant dans la ruelle avec un habit fort brillant d'or et d'argent, une nourrice de cette Dame entrant dans la chambre, en fut si surprise, qu'elle s'approcha d'une Demoiselle et lui demanda quel Roi c'étoit-là qui étoit auprès de sa Majesté : L'ingénuité de cette villageoise fut trouvée fort raisonnable et bien naturelle, d'avoir cru qu'il n'y avoit qu'un Roi qui pût être fait comme celui qu'elle voyoit auprès de sa Maîtresse. Il étoit fier, audacieux à la guerre, mais doux et galant auprès des Dames ; il chantoit bien, il faisoit des vers, et on pouvoit dire qu'il possédoit tout-à-la-fois les vertus guerrières et la galanterie. Il avoit rendu de grands services à l'État, en commandant les armées du Roi, dont il étoit Général; et il étoit, par son mérite et par ses services, dans une grande considération à la Cour: on avoit même besoin de lui dans la minorité d'un Roi et dans les troubles où étoit la Régence. Ce Héros étoit véritablement digne d'une Héroïne comme Madame de Hautefort, et elle étoit digne de lui. Il avoit été marié et avoit perdu Madame sa Femme il y avoit quelque temps; il avoit vu à la Cour Madame de Hautefort depuis son enfance, et il avoit admiré sa vertu et sa conduite, comme le reste de la France; il crut qu'il seroit heureux de passer sa vie avec une personne selon son cœur, si belle, si vertueuse et si remplie de piété; et dans un règne où il avoit trouvé tant de Dames galantes; il se trouvoit heureux d'en trouver une où il étoit en sûreté par sa vertu, et enfin il prit la résolution de l'épouser. Il n'y avoit point de parti en France qui ne reçût avec plaisir une proposition comme celle d'épouser M. de Schomberg: ainsi Madame de Hautefort qui étoit disgraciée sans bienfaits de la Cour, devoit avoir encore plus de joie, qu'une autre, de voir qu'un des plus grands Seigneurs de la Cour songeât à l'épouser, malgré sa disgrace. Toute la Cour fut surprise de ce qu'il alloit chercher Madame de Hautefort dans la solitude de sa maison, et qu'il n'y avoit pas songé dans le temps qu'elle étoit à la Cour et en faveur après la mort du Roi; mais c'est que Dieu vouloit faire

faire paroître la vertu de Madame de Hautefort et lui donner la récompense qu'elle méritoit dans la disgrace. (O)

Le mariage étoit arrêté lorsque Madame la Duchesse de Liancourt, sœur de Monsieur le Maréchal de Schomberg et intime amie de Madame de Hautefort la vient trouver un jour, et après lui avoir dit que si elle n'avoit une extrême confiance en son amitié, elle n'oseroit lui parler comme elle alloit faire : Madame de Hautefort la pressa de lui parler avec confiance : elle lui dit enfin, qu'ayant autant d'amitié pour son frère qu'elle en avoit, et en ayant aussi beaucoup pour elle, elle ne pouvoit voir qu'avec une extrême douleur qu'il falloit faire un mariage qui les alloit rendre malheureux l'un et l'autre, que Monsieur le Maréchal de Schomberg avoit ruiné sa maison par les grandes dépenses qu'il avoit été obligé de faire dans les emplois que le Roi lui avoit donnés, et que, s'il ne prenoit pas une femme avec de grands biens, sa maison étoit perdue. Madame de Hautefort crut d'abord que Monsieur le Maréchal de Schomberg avoit pensé les mêmes choses que Madame sa Sœur sur l'état de sa maison, et qu'il se servoit d'elle pour se tirer de toutes les avances qu'il avoit faites pour son mariage : elle avoit pourtant bien de la peine à croire que Monsieur le Duc de Schomberg n'eût pas fait toutes les réflexions qu'il devoit sur toutes cho-

F

ses, avant d'avoir pris la résolution de l'épouser; car son esprit capable de tant de grandes choses, n'étoit pas capable d'avoir manqué de prévoir toutes les suites d'un si grand engagement ; enfin sans condamner absolument le soupçon qu'elle avoit de M. le Maréchal de Schomberg, voyant que Madame la Duchesse de Liancourt lui faisoit voir combien elle rendoit son frère malheureux en l'épousant, elle prit une résolution bien généreuse qui est, que pour reconnoître à son tour l'estime et la considération que Monsieur de Schomberg avoit pour elle, de faire ce qu'elle pourroit honnêtement pour rompre son mariage avec lui ; elle le promit ainsi à Madame la Duchesse de Liancourt.

Cependant après que cette Duchesse l'eût quittée, elle fut outrée de douleur de s'être engagée à une chose si extraordinaire et de sacrifier sa fortune à un sentiment de générosité que l'on n'avoit vu que dans les Romans : elle songea à ce que diroient toute la Cour et toute la France, qui auroient peine à croire que ce fût une raison si extraordinaire qui eût rompu son mariage, que peu de gens le croiroient, et enfin elle étoit dans une affliction dont il n'y avoit rien qui la pût consoler. Un jour comme elle étoit au lit assez tard ayant passé la nuit sans dormir, on lui vint dire que Monsieur de Villars la vouloit voir ; c'étoit un parent de Monsieur le Maréchal de Schomberg et qui gouvernoit toutes ses affaires et de qui il prenoit le conseil en toutes choses ; c'étoit lui qui lui parloit de son mariage de la part de Monsieur le Maréchal de Schomberg et qui avoit fait toutes les avances : elle commanda qu'on le fît entrer dans sa chambre et se préparoit à lui parler selon ce qu'elle avoit promis à Madame de Liancourt ; mais Monsieur de Villars ne lui en donna pas le temps, et il lui dit : vraiment, Madame, tandis que vous dormez si tard, vous me faites lever bon matin ; je viens de faire publier vos annonces et de Monsieur le Maréchal de Schomberg à sa paroisse et à la vôtre, et voilà la dispense des deux autres que j'ai ici. Quel étonnement, et quelle fut la joie de Madame de Hautefort de voir qu'elle avoit soupçonné si mal à propos Monsieur de Schomberg, et qu'elle étoit forcée de ne tenir pas à Madame de Liancourt ce qu'elle lui avoit promis ! et en effet deux heures après Madame de Liancourt vint chez elle, qui avoit appris ce qui s'étoit fait, et lui dit qu'elle la prioit d'achever son mariage, mais qu'elle lui demandoit cette grace de ne parler jamais à Monsieur son frère de ce qu'elle lui avoit dit : elle lui promit et lui a tenu parole ; elle n'a jamais pu savoir si c'étoit véritablement l'intérêt que Madame de Liancourt prenoit aux affaires de son frère, qui l'avoit obligée à lui faire cette prière, ou par un sentiment de jalousie que cette Dame avoit toujours eu pour Madame de Hautefort, ayant soupçonné quelque chose de la passion que Monsieur le Duc de Liancourt avoit pour elle, et voyant que cette alliance alloit faire une liaison de leurs familles, qui donneroit lieu à Monsieur de Liancourt de la voir bien souvent, et qu'il n'y avoit point d'autre moyen que celui qu'elle prenoit pour empêcher ce mariage ; on ne pouvoit blâmer la conduite de Madame de Liancourt, et moins encore si c'étoit par un sentiment de jalousie qu'elle agissoit ; et on la devoit plaindre seulement de n'avoir pu réussir. Monsieur de Villars donna une lettre à Madame de Hautefort que lui écrivoit Monsieur le Maréchal de Schomberg ; elle est si belle et fait si bien voir le respect avec lequel il la traitoit, que j'ai cru qu'on seroit bien aise de la voir ici.

MADAME,

Puisque j'apprends par Monsieur de Villars que mes sentimens ne vous sont pas désagréables, je vais travailler à mon bonheur avec toute la diligence imaginable ; je vous supplie tres-humblement de croire, Madame, que je n'en connois point d'autre pour moi sur la terre, que l'honneur de vous posséder, et d'être toute ma vie, avec un profond respect.

La Cour étoit à Fontainebleau ; mais d'abord que l'on sut le mariage arrêté, toute la Cour alla chez Madame de Hautefort ; on ne la regarda plus comme une Favorite disgraciée, mais comme la Femme d'un des plus considérables et des plus grands Seigneurs de la France, et de qui la Cour avoit besoin et pour la guerre et pour le Conseil.

Après son mariage Madame de Hautefort alors Duchesse de Schomberg, se retira à l'Hôtel de Schomberg : elle alloit très-peu souvent à la Cour, quoiqu'elle y fût très-considérée ; mais elle étoit désabusée de ce pays-là, et elle étoit occupée de l'amitié et des soins qu'elle devoit à cet époux si digne d'elle : elle songea entièrement à régler sa maison, et elle prit toutes les mesures qui se pouvoient prendre honnêtement pour cela, sans diminuer la magnificence de Monsieur de Schomberg : elle fit rembourser pendant son mariage vingt-cinq mille livres de rente que l'on payoit d'intérêt. Jamais mariage ne fut plus heureux que le sien ; mais le bonheur dont elle jouissoit avec ce digne époux fut bientôt troublé par les besoins de l'État ; il fallut que Monsieur le Maréchal de Schomberg allât commander l'armée du Roi et faire le siège de Tortose : il fallut voir partir ce mari si chéri, pour un emploi (que sa valeur et le peu de soin qu'il avoit de ménager sa personne dans les périls,) rendoit très-dangereux : Madame la Duchesse de Schomberg le voulut accompagner à cinq ou six lieues de Paris : il se mit donc dans son carrosse seul avec elle, et quand il fut arrivé au lieu où son équipage l'attendoit, il embrassa son épouse tendrement, et sans lui rien dire il se jéta dans sa calèche, et s'en alla joindre l'armée qu'il devoit commander, laissant Madame la Duchesse Schomberg dans une douleur qu'elle n'avoit jamais éprouvée. Elle augmenta ses dévotions et ses aumônes pour sa conservation ; et enfin après une campagne glorieuse, et la prise de Tortose, Dieu lui ramena cet époux si cher, leur joie n'étoit plus troublée que par les souhaits que Monsieur de Schomberg faisoit d'un fils ; mais Dieu leur refusa cette grace.

Il étoit Gouverneur de Metz et Pays Messin, Toul et Verdun, Capitaine des Chevaux-Légers, Colonel des Suisses, qui étoient les plus considérables Charges de la Cour. Il fut nécessaire pour le Service du Roi qu'il allât dans son Gouvernement de Metz : ils partirent tous deux avec un train digne de la magnificence et de la grandeur du Gouverneur : tout le monde étoit ravi à Metz de l'espérance de voir arriver Monsieur et Madame de Schomberg et la Renommée y avoit déjà porté les louanges de la bonté, de la beauté et de la générosité de ces deux Personnes si aimées et si admirées de tout le monde. Metz est une Ville considérable avec un Parlement, où les Dames sont polies et agréables, plus qu'en pas une autre Province ; et Monsieur le Duc de Shomberg, ayant toujours été galant, les Dames se préparoient à rendre la Cour du Gouverneur et de la Gouvernante la plus agréable du monde, et on leur fit une entrée pompeuse ; on les fit monter dans un char de triomphe tout découvert, où il y avoit seulement deux places sur le derrière, où ils se mirent tous deux : rien ne pouvoit égaler la mine haute et majestueuse de ce Héros et la beauté éclatante et l'agrément de l'Héroïne : ils gagnèrent tous les cœurs de tous les Grands, de toutes les Dames, et de tous les peuples qui les virent arriver avec un appareil si superbe, et ils arrivèrent à Metz parmi les bénédictions de tout le monde ; on s'efforçoit à l'envi de leur rendre le séjour de Metz agréable ; les Dames venoient jouer avec Monsieur le Maréchal de Schomberg, les autres alloient à la dévotion et à la promenade avec Madame la Maréchale, et tous étoient ravis de pouvoir leur plaire.

Mais enfin une si longue suite de prospérités devoit finir, puisque Dieu ne veut pas que ses Élus passent la vie dans les plaisirs, et qu'il veut qu'ils partagent avec lui les peines qu'il a souffertes pour eux dans cette vie : la santé de Monsieur le Maréchal de Schomberg devint chancelante, et les fatigues de la guerre lui firent sentir les douleurs de la goutte ; ce mal diminua la joie de toute sa maison et de toute la Ville; on cherchoit cependant à le divertir, comme il ne pouvoit sortir de sa chambre et les Dames qui chantoient et qui jouoient, venoient pour adoucir les inquiétudes de Monsieur le Maréchal de Schomberg; mais une de ces Dames en donna de grandes à Madame sa Femme.

Ce fut la première disgrace que Dieu fit sentir à Madame la Duchesse de Schomberg que cette jalousie; car celles qu'elle avoit eues à la Cour étoient pour des sujets qui lui étoient trop glorieux pour les pouvoir nommer des disgraces.

Il y avoit à Metz une fille de qualité, agréable, sans beaucoup de beauté, les yeux noirs, le teint uni, mais tant de douceur et tant de modestie, et un air si charmant dans toute sa personne, et tant de complaisance dans son humeur, qu'elle parut si agréable à Madame la Duchesse de Schomberg qu'elle l'aima extrêmement, et cette sage personne aimoit véritablement aussi Madame de Schomberg; et quoiqu'elle eût dès-lors le dessein, qu'elle a exécuté depuis, de se faire Religieuse à la Visitation, elle ne pouvoit quitter Madame de Schomberg qui la tenoit quasi toujours auprés d'elle; elle avoit la voix très-agréable et charmante; elle jouoit assez bien aux échecs, et Madame la Duchesse de Schomberg la menoit ordinairement dans la chambre de Monsieur de Schomberg, et même la prioit de demeurer

meurer avec lui pour le divertir, lorsqu'elle étoit
obligée de le quitter ; Monsieur de Schomberg
chantoit avec elle, et il paroissoit qu'elle le divertissoit ; enfin Madame la Duchesse de Schomberg
trouva qu'il se plaisoit trop avec cette aimable personne, et elle en fut dans une jalousie si forte,
que personne ne peut s'imaginer combien elle se
trouvoit malheureuse, que ceux qui ont senti une
si cruelle pasion ; ce qui augmentoit sa peine,
c'étoit la violence qu'elle se faisoit pour la cacher ;
car sa gloire se trouvoit blessée au dernier point,
quand elle songeoit à la différence qu'il y avoit d'elle à cette aimable fille, et cette passion dont elle
voulut être la maîtresse inutilement, lui paroissoit si honteuse pour elle, qu'elle la cachoit avec
un soin qui la consumoit ; elle amenoit toujours
cette agréable personne, comme elle avoit accou-
mé à Monsieur son Mari, avec une violence qui
lui déchiroit le cœur, afin de cacher cette passion
à tout le monde, et elle alloit se renfermer dans les
Filles de Sainte-Marie, tout le temps qu'elle pouvoit prendre, et sur-tout d'abord que Monsieur le
Maréchal de Schomberg alloit hors de la Ville et
dans son Gouvernement, dans le temps que son
mal lui donnoit quelque relache. Le changement
que Monsieur le Maréchal de Schomberg voyoit
dans l'humeur de Madame de Schomberg, lui donnoit une extrême inquiétude ; mais il étoit bien

G

éloigné d'en soupçonner le sujet, puisqu'il n'étoit point amoureux de cette agréable personne : enfin Dieu finit la peine terrible que donnoit cette passion à M. la Duchesse de Schomberg ; cette sainte Fille se fit Religieuse, et elle vit qu'elle avoit mal jugé quand elle avoit pensé que Monsieur de Schomberg étoit amoureux d'elle : sa peine ne finit pas pour être délivrée de cette cruelle passion, car la maladie de M. de Schomberg augmenta à un tel état, que les médecins jugèrent nécessaire qu'il vînt à Paris. Comme l'Hôtel de Schomberg n'étoit pas meublé, il logea à l'Hôtel de Liancourt. Il se voyoit mourir il y avoit long-temps, et il s'étoit retiré des plaisirs et du monde autant qu'il avoit pu ; il faisoit même de grandes pénitences ; il passa un carême à Metz en ne mangeant que du pain que l'on faisoit pour les chiens : sa piété donnoit une grande consolation à Madame de Schomberg ; mais enfin elle vit le mal de son mari désespéré, la goutte remontée rendit son mal sans espérance : il mourut en Héros Chrétien ; Monsieur Joly, Evêque d'Agen fut celui qui l'assista pendant sa maladie, et à sa mort ; comme son mal étoit sans douleurs, il étoit tranquille, et très souvent il chantoit le *De profundis* en musique avec une voix qui ne paroissoit pas d'un homme qui devoit finir dans sept ou huit jours : madame de Schomberg fondoit en larmes, quoiqu'il lui parlât de sa mort avec beaucoup de femme; et quand elle le voyoit chanter le *De profundis*, elle lui disoit qu'il n'étoit point en l'état qu'il disoit, et qu'il prenoit seulement plaisir à lui voir répandre des larmes. Enfin ce jour terrible pour elle étant arrivé, elle n'eut plus la liberté d'entrer dans sa chambre : elle demeura dans la sienne et dans son lit si accablée, qu'elle étoit aussi près de mourir que lui ; elle entendit enfin Monsieur l'Évêque d'Agen entrer dans sa chambre, qui lui dit: Madame, c'en est fait, il est temps de pleurer. A cette terrible parole, elle songea que dans ce moment, il étoit décidé devant Dieu, de l'éternité heureuse ou éternellement malheureuse de l'âme de cet Epoux si cher; elle eut des convulsions qui la laissèrent sans sentiment, et lorsqu'elle revenoit et que cette pensée terrible s'offroit à son esprit, elle retomboit évanouie; cependant il fallut revenir de cet état malgré elle, par les soins que l'on prit d'elle : elle vouloit sur le champ sortir de l'Hôtel de Liancourt, ne pouvant supporter de si près son malheur: on la mit dans son carrosse et elle commanda qu'on la menât au Couvent des Filles de la Magdeleine : elle se souvint dans ce moment que feue Madame la Marquise de Maignelay, qui étoit mère de la première femme de Monsieur de Schomberg, et dont la piété étoit en vénération à toute la France, étoit la Protectrice et en quelque façon la Fondatrice de ces Filles Pénitentes; et que même dans le temps que Madame de Schomberg étoit à la Cour avant son mariage, elle la nommoit sa fille et s'adressoit à elle pour toutes les choses qu'elle souhaitoit pour ces Filles Pénitentes, lesquelles elle avoit recommandées en mourant à Madame la Duchesse de Schomberg, qui lui avoit promis d'être leur Protectrice ; et tout cela étant revenu dans son esprit dans le temps qu'elle voulut sortir de l'Hôtel de Liancourt, elle changea le dessein qu'elle avoit d'abord d'aller...., (*Lacune d'une demi-ligne.*) Elle fut donc portée dans son carrosse, et placée ensuite sur un lit dans un appartement qui est dans ce Couvent, qui étoit alors gouverné par quatre Filles de Sainte Marie, la Marquise de Maignelay avoit donné quatre-vingt mille livres pour que quatre Religieuses de Sainte-Marie gouvernassent ces Filles de la Magdeleine ; ce fut cette raison qui la rendit leur Bienfaitrice et leur Protectrice, et qui lui fit prendre sa retraite dans ce Couvent, dans ce temps d'affliction, non pas par vanité, comme ses amies lui en faisoient la guerre; car il est vrai qu'il y avoit peu de Dames de qui la conduite eût été assez nette et assez irréprochable pour pouvoir faire un pas comme celui-là, sans craindre que l'on fît l'examen de leur vie passée : mais elle n'avoit rien à craindre, toute la Cour lui écrivit ; toutes les Princesses et ses amies et ses amis, d'abord qu'elle put sortir de sa chambre, furent à son parloir. Elle passa quelques mois dans ce lieu, et ensuite elle alla passer le reste de son deuil à Nanteuil, près de Paris, qui étoit une belle maison que M. de Schomberg lui avoit donnée pour son habitation, avec tous les avantages que la coutume des lieux, où il avoit ses biens situés, lui pût permettre. Elle mena avec elle une de ses parentes, d'un rare mérite et d'un esprit charmant, qui étoit une consolation pour elle : son deuil passé, elle revint à Paris et logea à l'Hôtel de Lorraine, où elle fut vue de tout le monde : elle fit bâtir cependant une maison proche le Couvent de la Magdeleine, avec un parloir par lequel elle entroit dans le Couvent quand elle vouloit ; et de son cabinet il y avoit une tribune par laquelle elle entendoit la Messe à une Chapelle de Lorette, qui est dans ce Couvent; et cette tribune regardoit aussi sur le grand Autel de l'Eglise de la Magdeleine, où elle voyoit et entendoit la Messe, et passoit bien des nuits devant le Saint Sacrement en prières.

Lorsqu'elle fut logée dans cette maison, ce fut un asile et une retraite sûre pour tous les malheureux, et pour tous les gens qui avoient été à elle et à feu M. le Duc de Schomberg : ses parens et ses parentes qui avoient des affaires, qui les obligeoient de venir à Paris, de leurs Provinces, étoient forcés de demeurer chez elle, où elle les nourrissoit et les servoit de toutes les manières qu'ils en avoient besoin.

les Gentilshommes qui avoient été ses Pages, ou Officiers dans la maison de M. de Schomberg, n'alloient point à l'armée sans qu'elle leur donnât des marques de sa libéralité, et ils revenoient chez elle à leur retour. Enfin elle ne songea plus qu'à se dévouer pour servir son prochain : combien de filles et de femmes a-t-elle soutenues, qui auroient tombées, sans elle par la nécessité : sa vie et ses charités abondantes se répandoient sur tout le monde : elle vivoit tranquillement, étant pourtant obligée d'aller à la Cour assez souvent, sur-tout dans le temps que la Reine, mère du Roi, fut attaquée d'un cancer. Quand elle vit cette Princesse dans l'affliction et sous la Main de Dieu, elle oublia qu'elle n'avoit pas fait pour elle ce que méritoient ses services. La Reine étoit consolée de la voir; elle lui fit donner la jouissance du pont de Neuilly encore pour quarante ans, (Q) et elle avoit déjà vendu, au mariage du Roi, sa Charge de Dame d'Atours à Madame la Duchesse de Noailles : (R) si bien que la mort de cette Reine la ramena dans sa solitude. Cependant comme le Roi avoit toujours une extrême considération pour elle, et toute la Maison Royale, elle étoit obligée d'aller de temps en temps à la Cour, dans les occasions où les personnes qui tenoient le rang qu'elle tenoit, devoient aller. Le Roi la proposoit pour un exemple de vertu et de conduite dans toutes les occasions, et disoit souvent qu'il n'auroit juré de la vertu de pas une femme, que de celle de la Reine et de celle de Madame de Schomberg. ( ) Quand elle alloit à la Cour, le Roi lui faisoit mille honnêtetés agréables : il lui accorda la seule chose qu'elle lui avoit demandée, qui étoit la survivance de la Charge de Grand-Écuyer de la Reine, qu'avoit M. le Marquis de Hautefort, son frère aîné, pour M. le Comte de Montignac, son second frère, dans un temps où il n'en donnoit à personne ; mais elle étoit si reconnoissante des bontés du Roi, qu'elle s'intéressoit sensiblement pour le salut de ce grand Prince. Combien de fois passoit-elle la nuit dans sa tribune devant le Saint-Sacrement, pour demander à Dieu qu'il changeât le cœur de ce grand Prince, et qu'il lui en donnât un selon le sien ? Quand il étoit à l'armée, que de vœux et de prières ne faisoit-elle pas faire pour sa conservation, et pour le voir un jour un o Saint ? le Roi lui en savoit le meilleur gré du monde et la Reine aussi. Je ne saurois mieux faire connoître les sentimens d'estime et de considération que le Roi avoit pour elle, et combien il lui parloit agréablement quand elle alloit à la Cour, qu'en rapportant quelques-unes des conversations qu'il avoit avec elle.

Un jour étant allée à la Cour au retour du Roi d'une campagne qu'il venoit de faire, elle lui dit, qu'elle venoit se réjouir de le voir après avoir fait trembler tout le monde, par le peu de soin qu'il prenoit de ménager sa Personne.

Il lui répondit avec cet air agréable qui charme tout le monde : si c'étoit le feu Roi mon père, je pourrois croire, Madame, que vous vous intéresseriez autant que vous dites à mon retour. Elle lui dit : je vous assure, Sire, que le retour de Votre Majesté me donne bien plus de joie, que ne faisoient ceux du Roi votre Père : car il grondoit tellement, que nous craignions toutes son retour. Le Roi lui dit, qu'elle savoit bien qu'il ne faisoit pas de même, et qu'il ne grondoit point : elle lui répondit en riant, que c'étoit tant pis, et qu'il vaudroit mieux qu'il grondât : il lui dit alors en riant aussi, que la galanterie se traitoit de ce règne-ci d'une autre manière qu'elle ne se faisoit pas du sien; et que si elle avoit été de celui-ci, il ne sauroit si elle en seroit sortie aussi à son honneur qu'elle avoit fait; si bien qu'en riant tous deux, ils arrivèrent où étoit la Reine, et Madame de Schomberg disant qu'elle en seroit aussi bien sortie, et le Roi disant qu'il ne le croyoit pas, elle lui dit qu'elle se flattoit que la Reine voudroit être aussi sûre de la vertu des Dames que Sa Majesté aimeroit, que la feu Reine, sa mère, l'étoit de la sienne; et la Reine ayant entré dans la conversation, en disant: oui, en vérité, je le voudrois de tout mon cœur; Madame de Schomberg s'approchant du Roi lui dit à demi bas, qu'elle se réjouissoit que la Reine entendit si bien raillerie sur cette matière ; et le Roi s'approchant aussi d'elle lui dit, que ce n'étoit pas toujours de même, et qu'il y avoit bien souvent des larmes répandues : et lors ayant repris la conversation tout haut, le Roi lui dit, qu'il étoit difficile de se défendre des charmes des Dames : Madame de Schomberg disoit qu'il n'y avoit que la fuite qui pût le garantir ; de sorte que le Roi se divertissoit si agréablement dans cette conversation, que l'on lui dit deux fois que sa viande (T) étoit servie pour dîner, sans qu'il la voulût quitter ; il la quitta en lui disant, qu'il ne croyoit pas entendre un si bon sermon ce matin-là : elle lui fit ses excuses de lui avoir parlé si librement ; mais il lui dit bien agréablement que tout ce qui viendroit d'elle, seroit toujours reçu avec plaisir ; et s'en alla dîner.

Une autre fois qu'elle alloit à la Cour, pour quelque arrêt dont il fallût parler au Roi, elle l'attendit comme il sortoit du Conseil ; et comme il venoit de traiter d'affaires, il avoit cet air sérieux et fier, qui lui est naturel d'ordinaire, et tout le monde remarqua, qu'ayant apperçu Madame la Duchesse de Schomberg dans un bout de la Chambre, son visage changea à l'instant, et il prit cet air serein et agréable qu'il prend quand il veut plaire, et s'étant avancé jusqu'où elle étoit, il lui dit : Madame y a-t-il quelque service à vous rendre ?

H

et lui ayant dit qu'elle venoit pour lui parler : Madame, lui dit-il, que ne m'avez vous donné un rendez-vous, pour vous épargner la peine de venir ici; car je vous assure, Madame, que je ne veux plus de rendez-vous avec personne qu'avec vous ; et lui ayant redit cela deux fois, il ajouta, et je vous prie de le croire : comme elle entendit ce qu'il vouloit dire, elle lui dit : je vous assure, Sire, que je le crois, et que je m'en réjouis de tout mon cœur, et ensuite il voulut savoir ce qu'elle souhaitoit, et fit ce qu'elle voulut avec des honnêtetés qui faisoient voir l'estime qu'il avoit pour elle.

Depuis la mort de la Reine elle n'alloit plus à la Cour : elle écrivoit au Roi quand il étoit nécessaire pour des affaires, et elle a toujours eu raison d'être contente de tout ce qu'elle a souhaité de ce grand Roi ; car ayant retranché toutes les rentes de l'Hôtel de Ville, quand elle lui parla de soixante mille livres qu'elle y avoit, il commanda à M. Colbert qu'elle fût remboursée sans conséquence pour tous les autres ; mais ce Ministre lui ayant dit ensuite qu'il en falloit encore reparler au Roi, elle aima mieux les perdre que de l'en importuner encore une fois.

Elle s'est faite une sainte solitude de sa maison, n'en sortant plus que pour aller dans les temps qu'il faut à sa paroisse : ses parens et un petit nombre d'amis la vont voir, et elle n'a plus de commerce avec le monde, que pour des actions de piété ; des aumônes sont toujours répandues sur tous ceux qu'elle sait en avoir besoin, et elle attend dans une continuelle prière et dans un continuel exercice de charité, la mort et la récompense que tant de saintes actions et tant de consolations et tant de biens qu'elle fait à tant de gens malheureux méritent.

Je ne veux pas oublier les marques d'estime que lui donnent les personnes retirées du monde, et qui vivent dans une piété exemplaire : l'un de ceux-là, qui étoit son ami depuis sa jeunesse, lui envoya deux Emblêmes avec des Devises : (U) lorsqu'elle quitta la Cour, à deux différentes fois, pendant la vie du Roi Louis XIII, et l'autre dans la Régence de la Reine : il y avoit dans l'une un Ciel et une Étoile qui tomboit de ce Ciel, et qui paroissoit avec un éclat bien plus grand dans sa chute, qu'elle ne faisoit quand elle étoit dans la place qu'elle occupoit dans ce Ciel de la Cour ; il y avoit des vers fort jolis.

La seconde étoit une fusée qui, en tombant, faisoit un éclat si brillant, par les feux qu'elle jétoit, qu'on l'admiroit dans sa chute.

Un autre de ses amis, de ce caractère, lui envoya un tableau, où il y avoit une tête de mort, peinte très-affreuse, un horloge de sable d'un côté, et de l'autre une chandelle qui ne venoit que d'être éteinte et qui fumoit encore ; tout cela étoit très-

VIE DE MADAME

bien peint, et au bas il y avoit:

Ce Portrait est celui d'une fameuse Belle,
De son temps, comme vous, des grâces le modèle,
Et de mille captifs, comme vous, le souci ;
Comme elle fit grand jeu, vous l'avez fait aussi,
Et vous serez un jour de la cendre comme elle.

Ce Tableau qui est encore dans son Oratoire a servi, sans doute, a elle et a bien d'autres d'un grand sujet de méditation.

FIN.

ADDITION.

La Vie qu'on vient de lire doit avoir été écrite plus de sept ans avant la mort de Madame de Hautefort, puisqu'il n'y est point parlé de la proposition honorable que lui fit Louis XIV, de remplir la place de Dame d'honneur de la Dauphine, *afin de remettre à la Cour la dignité et la grandeur qu'on commençoit à ne plus y voir*. Ce Prince qui avoit toujours eu la plus grande estime pour Madame de Hautefort, la jugea plus capable que personne de succéder dans cette Place à la Duchesse de Richelieu. Le Père Griffet nous a conservé les deux Lettres que le Roi lui écrivit à cette occasion et il les a copiées sur l'Original. Bontems fut le Porteur de la première, qui étoit écrite de la main du Roi et conçue en ces termes.

Je vous prie de croire ce que Bontems vous dira de ma part et de consentir à ce que je vous demande; et quelque parti que vous preniez, de garder le secret, jusqu'à tant que j'aye rendu public le choix que je fais de vous. Après cela je crois qu'il n'est pas besoin de vous assurer de mon estime, vous en donnant une aussi grande marque.

Louis.

De *Valenciennes*, le 31 de Mai, 1684.

ADDITION.

La Maréchale de Schomberg, qui avoit alors 68 ans, ne put jamais se résoudre à accepter la place qu'on lui proposoit. Elle représenta au Roi, qu'à l'âge où elle étoit, elle n'auroit jamais assez de force pour supporter les peines et les assujettissemens qui y sont attachés. Le Roi qui souhaitoit extrêmement de la mettre auprès de sa Belle-Fille, lui écrivit une seconde Lettre encore plus pressante que la première, pour tâcher de vaincre sa répugnance.

J'ai reçu avec déplaisir, lui dit-il, le refus que vous m'avez fait, et vous n'en douez pas par cette seconde tentative ici. J'étois bien aise de vous donner une marque de mon estime ; j'esperois aussi, qu'ayant vu la Cour autrefois, vous remettriez chez Madame la Dauphine une dignité et une grandeur que je n'y vois plus. Voyez si vous pouvez me rendre ce service, en essayant d'exercer la Charge d'Honneur (sic.) quelques mois ; vous vous trouverez peut-être plus de force que vous ne pensez ; et si vous en manquez, vous serez la Maîtresse de quitter une place honorable, soit qu'on la garde ou qu'on s'en démette. Répondez-moi présentement, et toujours avec le même secret. Il me semble que je n'ai rien à ajouter, puisque ce je que fais vous marque assez les sentimens que j'ai pour vous.

LOUIS.

De Versailles, le 9 Juin, 1684.

ADDITION.

Malgré cette nouvelle lettre qui fait autant d'honneur à Louis XIV qu'à Madame de Hautefort, celle-ci persista dans son refus. Elle connoissoit mieux que personne les désagrémens de la Cour. Elle avoit éprouvé deux fois l'inconstance de la Faveur ; elle aima mieux passer le reste de ses jours dans les exercices de la piété que de s'y exposer pour la troisième fois, et elle mourut à Paris le 1 Aoust. 1691, âgée de 75 ans. La Place de Dame d'Honneur qu'elle avoit refusée fut offerte à Madame de Maintenon qui la refusa pareillement et qui la fit donner à la Duchesse d'Arpajon. (X)

NOTES.

(A) CE Portrait n'est point flatté. Il est tracé par une main amie, mais fidèle, si on en juge par celui qu'on trouve dans le Recueil des portraits, dédié à Mademoiselle. Page 723 de l'Edition 1663.

Portrait de Madame la Duchesse de S.. (Schomberg) sous le nom d'Olympe..... A voir Olympe, on ne sauroit douter que sa taille ne soit des plus avantageuses. Son port est noble, sa démarche aisée, son air libre, et elle paroît si proportionnée entre la phisionomie délicate et relevée, qu'on la jugeroit digne du trône : .... Olympe a les cheveux d'un brun clair, unis et déliés ; la quantité et la longueur en sont si merveilleuses, qu'elle en seroit toute couverte, si son adresse nonpareille ne les relevoit .... sa peau est blanche et délicate et son teint a une vivacité qui ne meurt jamais, non pas même dans les momens où Olympe est accablée de langueur ; le coloris de ses joues est si beau, qu'on diroit que la neige y veut ensevelir les roses..... ses yeux sont d'un bleu éclatant, ... son nez aquilin, ... ses lèvres d'un rouge admirable.... sa bouche petite... son col et sa gorge ont sans doute la blancheur et le plein que les personnes qui s'y connoissent desirent pour la perfecion de ces parties qui sont ordinairement imparfaites, même aux plus grandes beautés ; mais il faudroit avoir une vue de lynx... car la modestie d'Olympe est si grande... qu'elle ne montre même ses bras et ses mains qui sont de la dernière beauté, qu'autant que la nécessité l'exige... Olympe a le ton et l'accent tendre et passionné... Elle sait jouer de la guitarre, touche l'Angélique (l'instrument) d'une manière extraordinaire... elle chante bien ..... Enfin à sa mine et à sa façon d'agir, O'ympe sent extrêmement sa personne de qualité.... Les autres Dames ne l'égalent point, non pas même les Princesses ...

Puis-je entreprendre, après avoir si peu réussi à dépeindre les charmes et les attraits du corps d'Olympe, de vous dépeindre la grandeur et les qualités de son âme ?.... On peut dire d'Olympe *Chiude in bel Corpo anima bella ;* (O'ympe au plus beau corps unit la plus belle âme) son humeur est si égale qu'elle se porte à tout avec une mo-

dération

sération et une complaisance qui ne se démentent jamais ; c'est ce qui la rend douce, civile, affable, caressante, discrète, et secrète comme elle est. Elle ne se hausse point dans la joie, et ne s'abaisse jamais.... Elle est si obligeante envers ses amis qu'absens comme présens, elle a soin de les gratifier jusques dans les moindres choses.... Comme elle est entièrement persuadée des solides vérités qui promettent des richesses éternelles, et désabusée de la fausseté des passagères, elle ne s'attache qu'au but principal que la sincère vertu lui propose.... Olympe est vertueuse, elle chérit sa Religion et si elle n'a pas la ferveur des Martyrs, elle ne manque pas toutefois de zèle, et ne laisse pas au moins de rendre un culte assidu et respectueux au Dieu dont elle reconnoît avoir reçu tous les avantages dont elle est comblée. Ces actions pieuses se font sans bruit et sans ostentation.... sa sagesse n'est ni fière ni glorieuse....

Pour ce qui est de son esprit, il est du plus beau naturel du monde.... Olympe a la conversation vive, toujours divertissante, et jamais ennuyeuse, ses reparties sont à propos, et spirituelles et dans la justesse.... elle écrit des lettres très-jolies. Pour les Vers, c'est sa passion, et quoiqu'elle n'en fasse point, elle les récite comme si elle les faisoit.... Elle auroit assez d'attache à démêler des intrigues, s'il s'y rencontroit un peu moins d'infidélité : car elle est capable des plus grandes menées et des plus sérieuses, et il lui en a passé quelques-unes par les mains qui auroient fait voir un grand changement de théâtre, si le fil n'eût point rompu sur la fin de la trame, et si la pièce eût pu s'achever.

(B) Voyez le Journal du Cardinal de Richelieu.

(C) François VI du nom, Duc de la Rochefoucauld, né en 1605, mort en 1680. C'est l'Auteur des *Mémoires* et des *Maximes*. Il paroit qu'il ne fut pas si timide avec Madame la Duchesse de Longueville, dont il entendoit parler dans l'application qu'il fit de ces deux Vers d'Alcyone :

Pour mériter son coeur, pour plaire à ses beaux yeux,
J'ai fait la guerre au Roi, je l'aurois faite aux Dieux.

et qu'il parodia depuis lorsqu'il fut brouillé avec elle, et qu'il eût été blessé à l'œil au Combat de Saint-Antoine :

Pour ce coeur inconstant, qu'enfin je connois mieux,
J'ai fait la guerre au Roi, j'en ai perdu les yeux.

I

(D) On lit à ce sujet une Anecdote fort plaisante dans le Segraisiana. Ce trait un peu défiguré, ayant été cité par un Prédicateur qui faisoit le Panégyrique de Louis XIII, un Gentilhomme s'éleva en criant tout haut : » il auroit mieux fait de ne point me mettre à la taxe « ce qui fit rire toute l'assemblée.

(E) » La Cour étoit fort agréable alors, *dit Mademoiselle Montpensier*; les amours du Roi pour Madame de Hautefort, qu'il tâchoit de divertir tous les jours, y contribuoient beaucoup : les chasses étoient un des plus grands plaisirs du Roi ; ... au retour le Roi se mettoit dans mon carrosse entre Madame de Hautefort et moi. Quand il étoit de belle humeur, il nous entretenoit fort agréablement de toutes choses. Il souffroit dans ce temps-là qu'on lui parlât avec assez de liberté du Cardinal de Richelieu, et une marque que cela ne lui déplaisoit pas, c'est qu'il en parloit lui-même..... l'on alloit chez la Reine.... on avoit le divertissement de la musique, et la plupart des airs qu'on y chantoit étoient de la composition du Roi ; il en faisoit même les paroles et le sujet n'étoit jamais que madame de Hautefort. Le Roi étoit quelquefois dans une si galante humeur, qu'aux colations qu'il nous donnoit à la campagne, il ne se mettoit point à table, et nous servoit presque toutes, quoique sa civilité n'eût qu'un seul objet. Il mangeoit après nous, et sembloit n'affecter pas plus de complaisance pour Madame de Hautefort que pour les autres, tant il avoit peur que quelqu'une s'apperçût de sa galanterie. S'il arrivoit quelque brouillerie entre eux, tous les divertissemens étoient sursis, et si le Roi venoit dans ce temps-là chez la Reine, il ne parloit à personne, et personne aussi n'osoit lui parler : il s'asseyoit dans un coin où le plus souvent il bailloit et s'endormoit. C'étoit une mélancolie qui refroidissoit tout le monde ; et pendant ce chagrin il passoit la plus grande partie du jour à écrire ce qu'il avoit dit à Madame de Hautefort, et ce qu'elle lui avoit répondu ; chose si véritable, qu'après sa mort l'on a trouvé dans sa cassette de grands procès verbaux de tous les démélés qu'il avoit eus avec ses Maîtresses. «

Le Cardinal de Richelieu mit d'abord tout en usage pour gagner Madame de Hautefort, il alla jusqu'à pleurer de tendresse ; un jour qu'il vit que le Roi lui faisoit des protestations d'amitié, il la cajola fort et lui dit, qu'il n'eût pas cru qu'elle eût tant d'esprit. Cependant la

NOTES.

Roi se cachoit pour faire des présens à Madame de Hautefort, et lorsqu'il lui donna une pension de 4000 livres, il lui dit que son Éminence n'en sauroit rien et que c'étoit à lui seul à qui elle devoit avoir l'obligation. Le Cardinal instruit de tout, commença à se rebuter. On se douta bien qu'il avoit dessein de la faire renvoyer, mais lorsqu'on lui en parla, il se contenta d'abord de dire : » j'aime trop le Roi pour desirer qu'il renvoye d'Hautefort, cela préjudicieroit trop à sa santé et elle feroit bien mieux de se retirer d'elle-même. « Enfin le Cardinal ayant su qu'elle devoit, de concert avec la Reine, faire un effort pour le faire renvoyer, il la fit disgracier en 1639, et la fit remplacer par le jeune Cinq-Mars, dont la fin fut si tragique, pour avoir voulu supplanter son Bienfaiteur. Plusieurs années auparavant, il s'étoit fait une cabale de Monsieur de Saint-Simon, de l'Évêque de Limoges et de plusieurs Dames, pour introduire Mademoiselle de la Fayette, à la place de Madame de Hautefort. Le Cardinal protégea tellement cette intrigue qu'en peu de temps on vit que le Roi ne parloit plus à Madame de Hautefort, que son grand divertissement chez la Reine étoit d'entretenir Mademoiselle de la Fayette et de la faire chanter. Elle se maintint dans cette faveur par les conseils de ceux et de celles de son parti, et n'oublia rien pour cela ; elle chantoit, elle dansoit, elle jouoit aux petits jeux avec toute la complaisance imaginable ; elle étoit sérieuse quand il falloit l'être, elle rioit aussi de tout son cœur dans l'occasion, et même quelquefois un peu plus que de raison. La Porte raconte à ce sujet une aventure qui lui arriva à Saint-Germain, qui est trop burlesque pour la rapporter ici ; il suffit de dire que la Reine en rit beaucoup, qu'on fit une chanson sur Mademoiselle de la Fayette, et que le Roi se fâcha et du rire et de la chanson.

Mademoiselle de la Fayette ayant voulu, pour le bien de l'État, se mêler de quelques intrigues contre le Cardinal, celui-ci l'obligea de se retirer de la Cour en 1637 : le Roi en fut très-fâché, *invitus invitam dimisit*. Il renoua avec Melle de Hautefort qu'on lui fit renvoyer ensuite, comme nous l'avons vu et que vraisemblablement il oublia de même. Il avoit renvoyé aussi Saint-Simon avant de s'attacher à Cinq-Mars ; caractère inexplicable ! son cœur demandoit un objet qui l'occupât. Pour le genre de sentiment qu'il éprouvoit, le sexe lui devenoit indifférent, et en cela ce sentiment tenoit un peu de l'amitié, comme il teroit à l'amour en ce qu'il étoit jaloux de l'attachement qu'on pouvoit avoir pour ses Maîtresses, et ce qui est singulier, pour ses Favoris, et en ce qu'un nouvel objet lui faisoit oublier l'objet précédent. Mais ce qui ne ressembloit à rien du tout, c'est que cet objet, soit homme, ou femme, n'étoit pas toujours de son choix, mais lui étoit présenté par son Ministre ou par d'autres.

(F) Cette Anecdote fourniroit un nouveau chapitre au Livre intitulé : *Les grands évènemens par les petites causes*, qu'on auroit pu rendre et plus curieux, et plus instructif qu'il ne l'est.

Marie de Rohan, Duchesse de Chevreuse, née en 1604 et morte en 1679, avoit épousé en premières noces Charles d'Albert, Connétable de Luynes, dont elle eut Louis d'Albert, second Duc de Luynes, etc. et en secondes noces Claude de Lorraine, Duc de Chevreuse, dont elle eut, entre autres filles, Charlotte-Marie, dite Mademoiselle de Chevreuse, si connue par les Memoires du Cardinal de Retz. Madame de Chevreuse s'étoit distinguée par son attachement à la Reine, mais son exemple est encore une preuve de la verité de cette maxime : *ne mettez point votre confiance dans les grands de la terre*. Après la mort de Louis XIII, elle accourut de Flandre, dans l'espérance de recueillir le fruit de toutes les persécutions qu'elle avoit essuyées pour le service de la Reine Anne-Marie-Mauricette d'Autriche, (car c'est là son véritable nom que le Président Henault n'a point connu.) La Régente avoit déja donné sa confiance au Cardinal Mazarin, et Madame de Chevreuse ne trouva plus dans l'esprit de cette Princesse aucun reste de cette grande amitié du temps passé. Le dépit lui fit prendre le parti des *Importans*, dont le Chef étoit Monsieur de Beaufort, qui fut mis à la Bastille. Dès le lendemain Madame de Chevreuse reçut l'ordre d'aller à Dampierre, jolie Terre près de Chevreuse, et dont le Château bâti par le Cardinal de Lorraine, fut embelli depuis par Mansart. On admire la pièce d'eau, le parterre et l'isle,

Où l'art humble et soumis
Laisse encore regner la nature.

ROUSSEAU.

Ce lieu parut ou trop délicieux ou trop proche de Paris, en conséquence l'ordre fut changé et Mme de Chevreuse fut envoyée à Tours.

(G) Le Valet de Chambre de la Reine, dont il est ici parlé, et qui étoit à la Bastille, étoit Pierre de la Porte, depuis Maître d'Hôtel et premier Valet de Chambre de Louis XIV, dont nous avons des Mémoires très intéressans, mais assez rares et peu lus. Il mourut en 1680, à 77 ans. Le récit qu'il fait du voyage de Madame de Hautefort à la Bastille est assez conforme, pour le fonds, à ce qu'on a lu dans la Vie ; mais on y trouve de plus quelques circonstances que Madame de Hautefort et son amie ont pu ignorer.

La lettre de la Reine fut portée à Madame de Hautefort par Monsieur de Coislin, parent du Cardinal et gendre du Chancelier Seguier. Elle étoit obligée d'avoir recours aux proches de ses plus grands ennemis, et ce qui est admirable, elle y trouva de la fidelité. Madame de Hautefort sachant que Madame de Villarceaux étoit amie du Commandeur de Jars, et qu'elle le voyoit souvent à la Bastille, l'accompagna un jour déguisée en Femme de Chambre. Le Commandeur après avoir fait beaucoup de difficultés, se rendit à la fin. Il gagna Bois d'Arcis, Valet de l'Abbé de Trois, Prisonnier avec son Maître. Bois d'Arcis avoit de l'esprit, il comprit qu'il s'agissoit de gagner les Prisonniers qui étoient au-dessus de la chambre où étoit la Porte. Le hasard lui fit découvrir sous l'affut d'un canon une des grandes pierres qui pavent la terrasse au haut de la tour où étoit la Porte ; il prit le temps que la Sentinelle étoit à l'autre bout de la terrasse ; il leva la pierre et entendit parler des Paysans de Bordeaux, qui étoient là pour quelque sédition ; il leur parla, ayant toujours l'œil sur la Sentinelle. Comme les Prisonniers ont les uns pour les autres des charités qu'on ne sauroit imaginer, ils promirent de le servir. Ils firent un trou au haut de la voute que Bois d'Acis avoit recouverte de son morceau de pierre, et un autre à leur plancher pour communiquer avec les Prisonniers qui étoient dessous : c'étoient le Baron de Tenance, et Réveillon, Domestique du Maréchal de Marillac. Ils étoient précisément au-dessus de la chambre de la Porte. Ils firent un trou, et avec un stylet, ils lui descendirent les lettres qu'ils recevoient d'enhaut. La première lettre étoit du Commandeur, qui ne l'avoit pas signée. Elle parut suspecte à de la Porte, qui d'ailleurs n'avoit ni papier, ni encre pour répondre. Deux jours après, autre billet qui donnoit quelques lumières. La Porte y prit confiance et quand son soldat fut endormi, il se leva et se mettant entre la lumière de la chandelle et son visage, il écrasa du charbon, un peu de cendre de paille brûlée et les détrempa avec un reste d'huile de la salade du souper et en fit une espèce d'encre; ensuite avec un brin de paille taillé en pointe, il écrivit sur un dessus de lettre qu'il ne pouvoit répondre à tout ce qu'on lui demandoit, dans l'état où il étoit, mais qu'il n'avoit rien dit qui pût faire tort à personne, parce qu'il ne savoit rien. Le Commandeur assuré que la correspondance étoit établie, fit passer du papier, des plumes et de l'encre. Alors de la Porte écrivit tout à son aise.

Le reste des détails ne regarde qu'indirectement Madame de Hautefort, mais ils sont on ne peut pas plus curieux, et nous renvoyons aux *Mémoires de la Porte*.

(H) Au lieu du Mans, on lit: *au Mons*, dans les Mémoires de la Porte, mais c'est une faute d'impression. Madame de Hautefort ne sut jamais bien positivement la cause de sa disgrâce. La Porte croit que le Cardinal, voyant qu'elle n'étoit pas de ses amies, et qu'elle étoit trop attachée à la Reine, voulut mettre à sa place, dans l'esprit du Roi, une personne entièrement dépendante de lui; ce qu'il crut faire en jetant les yeux sur Cinq Mars, qui chercha à le supplanter lui-même. Dans son exil, Madame de Hautefort étoit épiée par Mademoiselle Chemerault, depuis Madame de la Basinière, qui étoit vendue à la Cour, dont l'exil n'étoit qu'une feinte du Cardinal, pour rendre plus de services à ce Ministre et pour mieux tromper la Reine et Madame de Hautefort, on pourroit même dire et le Roi: Chemerault avoit fait semblant d'entrer dans toutes les intrigues contre le Cardinal, mais elle lui écrivoit tout. Le Président Hénault s'est donc trompé en disant: Madame de Hautefort et Mademoiselle Chemerault, aussi attachées à la Reine, qu'au Roi, donnèrent cette année (1639) les mêmes inquiétudes à ce Ministre, qui les fit disgracier. » Je crois même qu'il se trompe pour la date, puisque dans le journal du Cardinal on trouve une lettre datée du 15 Mai, 1640, dans laquelle Mademoiselle Chemerault raconte ce qui s'est passé dans la visite que Madame de Hautefort venoit de faire au Cardinal, le projet qu'a formé cette Dame de parler au Roi pour le renvoi du Ministre, etc. sa brouillerie avec le Roi, leur raccommodement, etc.

(I) Cette Demoiselle ou Femme de Chambre s'appeloit Dance. La Porte dit que sur cette réponse, Madame de Hautefort eût bien desiré être encore au Mans.

(K) La vraie cause de la nouvelle disgrace de Madame de Hautefort fut une conversation qu'elle eut avec la Reine. La grande passion qu'elle avoit pour la conservation de l'honneur de cette Princesse, l'engagea à lui dire un jour, que Monsieur le Cardinal étoit encore bien jeune, pour qu'il ne se fit point de mauvais discours d'elle et de lui. La réponse de la Reine fut si singulière que nous ne la rapporterons pas. Madame de Hautefort revint plusieurs fois à la charge. Madame de Seneçay et les Dames les plus sages de la Cour étoient bien aises que Madame de Hautefort cassât la glace et qu'elle dît toutes choses librement à la Reine. Madame de Hautefort quoique rebutée, se piqua de générosité, et voulut servir la Reine en dépit d'elle-même. Le résultat fut que la Reine la prit en telle aversion, qu'elle ne la pouvoit plus souffrir; et comme Madame de Hautefort n'avoit point de defauts par où elle pût donner prise sur elle, la Reine prit occasion de se moquer d'elle, de ce qu'elle s'amusoit à ramasser tous les écrits du temps, et voulut par ce moyen la tourner en ridicule devant tout le monde. Madame de Hautefort s'appercevant que la froideur de la Reine augmentoit, se retint autant que la passion qu'elle avoit pour son service le pouvoit permettre; mais quand la Reine vit qu'elle ne lui disoit plus rien du Cardinal, elle crut qu'elle en parloit à tout le monde, et qu'il n'y avoit plus d'entretien à la Cour qui ne fût à ses dépens.

La Porte en cite une preuve que nous rapporterons plus bas.

(L) Voyez ci-dessous les Devises du Père le Moine.

(M) La Porte prétend que le rire étoit occasionné par autre chose : il dit qu'un soir, pendant l'hiver de 1644, il se chauffoit avec Gaboury dans le Cabinet de la Reine, Madame de Hautefort arrive, se chauffe aussi, et après avoir bien chauffé sa jupe, dit la Porte, elle la mit entre les jambes; ce qui nous fit rire. La Reine entra en même-temps, qui nous voyant rire, crut que c'étoit d'elle, puisque nous avions cessé de rire à son arrivée. » Quelques jours après Madame de Hautefort présenta un Placet à la Reine pour un Gentilhomme Breton. Elle fut refusée; elle insista : la Reine qui ne cherchoit qu'un prétexte la querella, et la chose alla si loin, que le lendemain elle eut ordre de se retirer, au grand étonnement de toute la Cour et de toute la France.

† La Reine ayant reproché à *la Porte* la tristesse où il étoit depuis le départ de Madame de Hautefort : oui, Madame, j'en suis touché, répondit

NOTES.

ce fidèle Serviteur, mais c'est plus pour votre intérêt que pour le sien. Si Votre Majesté savoit le tort que lui fait cette disgrâce : .... toute la terre la blâme d'avoir éloigné d'elle une personne d'un tel mérite, et qui vous a si bien servie..... Tu sais bien, repliqua la Reine, qu'il y a long-temps qu'elle se moque de moi, et qu'elle en fait des contes à tout le monde... Pour confirmer ce qu'elle disoit, elle cita l'histoire du Cabinet, et la Porte chercha à la détromper. La conférence fut longue et la Reine voulut que la Porte en allât faire le récit au Cardinal Mazarin. Ce Cardinal répondit que Madame de Hautefort avoit eu tort de manquer de complaisance pour la Reine, et qu'elle avoit l'esprit altier. La Porte reprit en disant, qu'elle étoit Gasconne, et qu'on devoit l'excuser, puisqu'au fond elle étoit la meilleure personne du monde : je ne me suis point mêlé de cela, répondit le Cardinal ; mais aussi je ne me suis point mêlé de la défendre, car elle n'a jamais voulu être de mes amies. «

Pendant l'été de 1644, La Cour étant à Fontainebleau, le Cardinal qui se promenoit dans le jardin de la Vallière, appela la Porte, et lui demanda ce que faisoit Madame de Hautefort ? De la Porte répondit qu'il croyoit qu'elle prioit Dieu, et qu'il ne lui voyoit point d'autre recours. Le Ministre répondit qu'il n'y avoit rien de désespéré et que son accommodement dépendoit de sa conduite.

Pendant son exil Madame de Hautefort reçut une visite de Monsieur de Noirmoutier, qui avoit conçu une extrême passion pour elle : mais, dit la Porte, il avoit affaire à une personne qui n'étoit pas aisée à toucher et pour laquelle les Têtes couronnées avoient souvent fait des vœux, qui n'avoient jamais été exaucés. Elle le congédia plusieurs fois : il ne se rebuta point d'abord, mais voyant qu'il ne gagnoit rien, il fit tout ce que l'amour put suggérer quand il est extrême, et que le sujet est sans défauts. Il voulut s'aller jeter dans la rivière, ou en faire le semblant ; mais on étoit résolu de le laisser boire, sans lui en faire raison. Quand Madame de Hautefort parut, il courut après : on ferma les portières du carrosse, et enfin on le traita de manière qu'il fut obligé de s'en retourner.

(N.) Louis XIII connoissoit parfaitement le caractère de sa femme, qui n'étoit susceptible d'aucun attachement. Le Roi de son côté avoit quelque chose de si sauvage, pour ne pas dire de si dur, qu'un jour au lieu d'amener peu à peu la nouvelle de la mort du Cardinal Infant,

que

NOTES.

que la Reine aimoit autant qu'elle pouvoit aimer, il lui dit brusquement et sans préparation : Madame ; votre Frère est mort. Quelle liaison pouvoit-il y avoir entre deux époux de ce caractère, et quel agrément pouvoit-il y avoir dans un semblable mariage ?

(O) Voyez les Devises du Père le Moyne.

(P) Cette Lettre est courte, mais quelle noblesse dans les sentimens et dans l'expression ! que ce ton est différent du nôtre ! Il est vrai qu'on ne voit plus de Schomberg. Je laisse à d'autres à dire si on voit des de Hautefort.

(Q) Elle appartenoit encore à la Maison de Hautefort, et le Péage n'a été supprimé que lors de la construction du Pont de Neuilly.

(R) La vertueuse Duchesse de Noailles, Louise Boyer, nièce de deux Grands-Maîtres de Malthe, de la Maison de Vignacourt. Elle voit épousé en 1645 Anne, deuxième du nom, premier Duc de Noailles, et mourut en 1697, dans une grande réputation de piété.

(S) Le Satirique Boileau est moins sévère que Louis XIV.

Il en est jusqu'à trois que je pourrois citer

(T) Cette expression étoit de style, et sous la Minorité de Louis XV on disoit encore : » Sire, la viande est servie. «

(U) La première de ces deux Devises est du Père le Moyne ; elle se trouve à la page 279 de l'Ouvrage intitulé : *De l'Art des Devises, par le Père le Moyne.* Paris, Cramoisy, 1666, in-quarto. Dans un cartouche arrondi, on voit une Étoile qui tombe du Ciel et qui trace derrière elle un long sillon de lumière ; la Devise est :

Sequitur lux magna cadentem.

Au bas sont les Armes de Schomberg, accollées avec celles de Hautefort, d'Or à trois Forces (Ciseaux de Tondeur,) de sable. Au-dessous sont les Vers suivans :

De la scène illustre et roulante,
Où long-temps j'ai paru si belle et si brillante,
Je tombe sans avoir mérité mon malheur.

K

NOTES.

Mais ne me plaignez point; je tombe toute entière,
Et j'apporte avec ma grandeur
Mon innocence et ma lumière.

Voici l'explication qui est vis-à-vis :

Depuis la Grecque, qui eut la hardiesse de dire, que Rome étoit l'Olympe de la Terre, la Cour n'a jamais manqué de flatteurs qui l'ont comparée au Ciel. Si c'est un Ciel, comme ils disent, c'est un Ciel qui n'a point d'autre harmonie que le hasard et le tumulte, qui ne connoit point d'autre Dieu, et ne suit point d'autre intelligence que la Fortune. Non-seulement aussi il tombe des Comètes de ce Ciel; il en tombe encore des Étoiles : mais les Comètes n'en apportent que de la fumée; et les Etoiles qui en tombent, sont suivies de leur lumière et de leur gloire. «

» Telle fut, il y a quelque temps, la disgrace d'une Personne illustre, et qui a des Etoiles l'innocence, la pureté, et l'inclination à bien faire. Jamais elle ne fut plus lumineuse ni plus regardée : et la fortune même qui avoit été la perpétuelle rivale de sa vertu, l'a respectée, et a consenti à son élévation depuis cette chute. «

On ne trouve point dans le Père le Moyne la seconde Devise qui rentre dans la première; mais nous en sommes bien dédommagés par une Devise bien singulière sur Madame de Hautefort, et que nous donne ce Père de galante mémoire, comme l'appelle Barbier d'Aucour. Elle se trouve à la page 271.

On voit un Phénix sur un brasier allumé aux rayons du soleil, avec ces mots.
Me quoque post Patrem.

Au bas sont les mêmes Armes et ces Vers :

Que le feu de cet Astre est pur et glorieux !
Que le jour est puissant qu'il porte dans les yeux !
Et que son ascendant est fort sur l'Hémisphère !
Mon cœur est à peine formé,
Et sur les cendres de mon père.
Déjà de ses rayons mon cœur est allumé.

NOTES.

L'explication est :

» Le Phénix naît des cendres de son père brûlé au soleil, et de ces cendres encore chaudes lui vient cette inclination solaire, qui lui fait aimer le soleil, et se tourner à sa lumière dès qu'il a les yeux ouverts et les ailes libres. «

» Ce Symbole est noble et royal, et représente assez naturellement l'inclination que le Roi, encore enfant, a eue, après le Roi son Père, pour une personne illustre, dont la vertu éminente a long-temps fait l'honneur de la Cour. «

Qu'une pareille idée, qu'un semblable rapprochement soit venu à l'imagination bouillante et déréglée (poëtiquement parlant) du Père le Moyne, je n'en suis pas surpris; ce qui m'étonne, c'est qu'on ait laissé passé un pareil Symbole, quoique l'Auteur le traite de noble et de royal; il est vrai que l'Ouvrage, qui est muni d'un privilége, est sans approbation. En 1664, aux Fêtes de Versailles, le Marquis de la Vallière avoit aussi pour Devise le Phénix sur un bucher allumé par le soleil, avec ces mots : *Hoc juvat uri* ; mais on sent bien qu'il n'étoit qu'un prête-nom, et que cette Devise étoit pour sa sœur, qui étoit l'objet inconnu de toutes ces Fêtes, les plus brillantes qu'on ait jamais données.

(X) Le même P. Grillet nous a aussi conservé la Lettre que la Reine écrivit à Madame de Hautefort au commencement de sa Régence, et ce Continuateur du Père Daniel remarque avec raison que Madame de Motteville se trompe dans ses Mémoires en disant que la Reine écrivit en propres termes à Madame de Hautefort : *Venez, ma chère amie, je meurs d'impatience de vous embrasser*. C'est bien la substance de la Lettre, mais ce n'en sont point les expressions que voici.

Madame de Hautefort, je ne puis demeurer plus long-temps sans vous envoyer du Cussi (Domestique de la Reine) pour vous conjurer de me venir trouver aussitôt qu'il vous aura donné celle-ci. Je ne vous dirai autre chose, l'état où je suis après la perte que j'ai faite, ne me permettant pas que de vous assurer de mon affection, laquelle je vous témoignerai toute ma vie, (c'est bien là le billet de la Chastre) *et que je suis votre bonne Amie et Maîtresse.*

ANNE.

A Paris, ce 17 Mai, 1643.

NOTES.

Du reste le Père Griffet ne dit qu'un mot de Madame de Hautefort, sans doute faute de Mémoires et parce qu'il n'a pas cru devoir compter sur tout ce qu'en dit Madame de Motteville. Il s'étend beaucoup plus sur Mademoiselle de la Fayette, d'après le curieux Mémoire manuscrit du Père Caussin qui fait partie de cette Vie de Melle de la Fayette, dont nous avons parlé dans la Préface. Il ne dit cependant pas un mot de la proposition que Louis XIII, selon Madame de Motteville, fit à Mademoiselle de la Fayette de lui donner un logement particulier à Versailles, *Château de plaisir*, ajoute Monsieur Anquetil, qui a bien voulu adopter une Anecdote si contraire au caractère de ce Prince et à celui de Melle de la Fayette. D'ailleurs Versailles n'étoit alors qu'un Rendez-vous de Chasse ; la Reine même n'y demeuroit jamais, et on sait que Mademoiselle de la Fayette n'abandonnoit jamais la Reine, et que le Roi ne lui parloit jamais que devant cette Princesse et en public.

On peut faire des reproches bien plus graves à Madame de Motteville. Elle peint la beauté de Madame de Hautefort comme tout le monde s'accorde à la peindre ; mais elle ne rend point justice à son caractère. Selon elle, Madame de Hautefort *n'étoit pas tendre, plus sévère que dure et naturellement railleuse, contrariante, trop critique, peu complaisante et manquant de prudence.* Toutes les fois qu'elle parle de Madame de Hautefort, ce sont de longues réflexions morales dont l'unique but est de donner tout le tort à Madame de Hautefort et de faire l'Apologie de la Reine. Cela ne doit point surprendre de la part d'une personne qui avance comme un principe que nous pouvons dire nos avis à nos maîtres et à nos amis ; mais que quand ils se déterminent à ne pas les suivre, nous devons entrer dans leurs inclinations, etc. qui dit plus bas : » pour moi j'étois résolue de suivre doucement les inclinations de la Reine ; « et qui voyant que la Reine lui répondoit froidement lorsqu'elle lui demanda la permission d'aller voir Madame de Hautefort après sa disgrace, baisa la main de la Reine en l'assurant qu'elle ne feroit jamais rien qui pût lui déplaire, qu'elle lui devoit tout, et rien à Madame de Hautefort. (Comme si on ne devoit rien à la vertu malheureuse et au courage avec lequel on s'est exposé à tout pour le service et pour l'honneur de ses maîtres, même malgré eux.)

On prétend que le Rédacteur des Mémoires de Motteville en a gâté le style, qui n'étoit pas déjà trop bon : il faut croire pour l'honneur de cette Dame, qu'il a dénaturé jusqu'aux faits. Ce qu'il y a de certain, c'est que Madame de Motteville s'appuie souvent de l'autorité de la Porte et de celle de Madame de Hautefort, et ce qu'on lit dans ses Mémoires est cependant contredit par les Mémoires de la Porte et par la Vie de Madame de Hautefort, qui peut être regardée comme ses Mémoires. Ajoutons qu'on trouve souvent dans Madame de Motteville des récits qui se contredisent, ou qui contredisent les Mémoires du temps, quelquefois même qui ne sont pas vraisemblables : on en a vu un échantillon dans ce que nous avons rapporté touchant Mademoiselle de la Fayette : en voici d'autres exemples qui concernent Madame de Hautefort. Elle dit que Louis XIII voyant que Madame de Hautefort étant entièrement à la Reine et que toutes les deux se moquoient de lui, la disgracia e la renvoya dans sa Province. Nous avons vu au contraire que ce Prince ne l'éloigna de la Cour que malgré lui, *invitus inviam dimisit*.

La Reine se plaignoit un jour à deux Dames de la Cour du peu de complaisance que Madame de Hautefort avoit pour elle et pour le Cardinal Mazarin. Mme de Motteville peint ici Mme de Hautefort comme une femme qui écoute aux portes, que son impatience et le chagrin qu'elle a d'entendre que l'on parle contre elle, fait entrer brusquement et se plaindre avec vivacité. La Reine répète avec plus de force ce qu'elle venoit de dire ; Madame de Hautefort pleure, promet tout, et même de devenir l'amie du Cardinal. *La Reine qui étoit bonne et naturellement aimable* donne sa main à baiser à Madame de Hautefort, et même son petit doigt, *car c'est le doigt du cœur*, et la paix fut faite. Je demande si dans tout ce qu'on vient de lire on reconnoît le caractère de Madame de Hautefort, dont Madame de Motteville loue elle-même la Franchise, le Courage et la Sincérité ?

L'aventure du placet est racontée par Madame de Motteville, mais avec des Circonstances Romanesques.

www.ingramcontent.com/pod-product-compliance
Lightning Source LLC
LaVergne TN
LVHW020959090426
835512LV00009B/1956